Claus Eurich

Die Kraft der Sehnsucht

Claus Eurich

Die Kraft der Sehnsucht

Kontemplation und ökologisches Engagement

Kösel

ISBN 3-466-20414-3

Druck und Bindung: Kösel, Kempten
Umschlag: Elisabeth Petersen, München
Umschlagmotiv: © Tony Stone Bilderwelten, München

2 3 4 5 · 99

Gedruckt auf umweltfreundlich hergestelltem Werkdruckpapier
(säurefrei und chlorfrei gebleicht)

Inhalt

Einleitung 9

Trotzdem – Leben in der Kultur des Hindurch 10 – Hoffend-Sein 11 – Auf dem Weg ins theonome Zeitalter 13 Zu diesem Buch 16

I

Sehnsucht – der Hunger des Herzens nach Gott 21

1. Suche nach der Heimat im Ewigen 23

2. Irrwege der Sehnsucht. 26

Die Suche des Ewigen im Vergänglichen 28 – Sucht und Sehnsucht 32 – Der Ruf nach Vereinigung 33 – Verbannt in das Labyrinth 35

3. Sehnsucht zielt auf das Ganze 36

Gottes Sehnsucht nach den Menschen 38 – Stern der Erlösung – Stern der Sehnsucht 41 – Hoffnung – die Tugend der Sehnsucht 42

4. Orte der Sehnsucht 45

Orte des Heiligen 46 – Orte der Erinnerung 48 –

5. Sehnsucht verwundet und befreit 50

Die Flamme entfachen 52

II

Kairos – Sei wachsam, denn die Stunde ist nahe 55

1. Chronos, Aion, Kairos – Dimensionen der Zeit 58

2. Kairos – Dimensionen. 66

3. Erfüllte Zeit, die alles enthält 70

Vergangenheit und Zukunft begegnen sich 73 – Jetzt, nicht »bald« 75

4. Tanz auf des Messers Schneide 78

Jede Zeit ist besondere Zeit 80 – Die Kraft der Intuition 82 – Innehalten 84 – Die Chance nicht verpassen 85

5. Übergangszeit – Leben im Vorraum eines epochalen Kairos. 87

Gegenkräfte 87 – Prophetie schafft den Kairos mit 90

III

Kontemplation – Das Schweigen der Seele vor Gott 93

1. Nur der Schweigende hört 98

Schweigen ist nicht gleich Schweigen 100 – Pulsschlag der Unendlichkeit 103 – Im Einklang mit der Schöpfung 105

2. Vor dem Brunnen liegt die Wüste 108

Das Schweigen Gottes 109 – Konfrontation mit dem Selbst 111 – Das Schweigen Jesu 112 – Kontemplation heilt und ist heilig 115

3. Kontemplation – Stationen eines Weges 117

Rüstzeug des Schweigenden – Vertrauen, Treue, Disziplin 117 – Orte und Zeiten des Schweigens 120 – Die Führung liegt bei Gott 123 – Stufen ins Schweigen 124 Geist, Leib und Sinne 126 – Wort und Symbol 130

4. Aus dem Schweigen aufersteht das Wort 133

IV

Zellen des Zukünftigen 139

1. Geschwisterschaft 141
2. Verbindlichkeit und Dienst 144
3. Schweigekultur ist Gemeinschaftskultur 146

V

Leben ist Verwirklichung 149

1. Entscheidung für die Wahrheit Gottes 150
2. Sehnsucht, Kairos, Kontemplation – Der Lebensraum mystischer Trinität 153
3. Mystik ist Politik 155

Danksagung 157

Anhang 158

Anmerkungen 158
Literaturverzeichnis 164

Meinem Vater

Wenn du ein Schiff bauen willst,
so trommle nicht Leute zusammen,
um Holz zu beschaffen, Werkzeuge vorzubereiten,
Aufgaben zu verteilen und die Arbeit einzuteilen;
sondern wecke in ihnen
die Sehnsucht nach dem endlosen weiten Meer.

(Antoine de Saint Exupéry)

Einleitung

Begeben wir uns für einige Augenblicke in ein Raumschiff, das sich langsam der Erde nähert. Ruhig, majestätisch, würdevoll treibt der blaue Planet durch das All. In sanfter Umdrehung umkreist er die Sonne, unseren Lichtstern. Ein unfaßbares Wunder bietet sich den Augen. Tiefblaue Wasserflächen, riesige Berge, Wüsten, Wälder, Flüsse, Seen. Wolken umspielen die Lebenskugel. Alles scheint ruhig, in Frieden, im Einklang mit dem Atem des Universums.

Mit der Annäherung wandelt sich das Bild. Riesige Städte, Lichtermeere besetzen das Land. Straßen durchschneiden das Braun und Grün. Das Blau der Gewässer verfärbt sich in schmutziges Grau. Die Luft hängt trübe über den Metropolen, einer grauen Wolke gleich. Wälder verbrennen. Autos transportieren hin und her, Züge rasen hin und zurück, Menschen hetzen durch die Straßen. Und überall Funkenschlag. Es herrscht Krieg auf der Erde: Mensch gegen Mensch, Mensch gegen Natur.

Unser Heimatplanet wirkt angegriffen, angenagt, an vielen Stellen schon zerfressen. Und er wehrt sich auf seine Weise. Wasser treten über die Ufer. Gewaltige Stürme peitschen über das Land. Wüsten erweitern ihr Territorium. Seuchen breiten sich unter den Menschen aus.

Doch Menschen und Maschinen stehen nicht still.

Was ist los auf der Erde?

Trotzdem – Leben in der Kultur des Hindurch

Die Menschheit durchlebt eine Wachstumskrise. In doppeltem Sinne. Ihr Gewicht und ihr Verbrauch ersticken die Erde und plündern sie aus. Verheerende Katastrophen und weltpolitische Entwicklungen, die alles umstülpen, werden die wohl unvermeidbare Folge sein. Wir können davor nicht länger die Augen verschließen und Zustand sowie Nahzukunft der Menschheit weiter verharmlosen. Keine apokalyptische Schwarzmalerei spricht aus dieser Feststellung, die Fakten sprechen für sich selbst. Wer es will, kann diese Fakten wahrnehmen. Viele Menschen nehmen wahr, haben Ahnungen von dem Zukünftigen – und verharren. Vor der nahen Wendemarke bleibt das Bewußtsein noch verdunkelt. Hier liegt der Wachstumskrise zweite Seite. Sie ist nicht äußerlich, sie betrifft die geistige Entwicklung der Menschheit. Mit ihrem Ausgang entscheidet sich jede Frage des Zukünftigen.

Dem Verhängnis, das unausweichlich geworden ist, den Katastrophen, die sicher sind, können wir nicht entgehen. Die Erde ist rund, Flucht damit ausgeschlossen. Auf uns wartet keine Rettung, der wir zuversichtlich entgegenträumen könnten, auf uns wartet kein Paradies, dessen Tore sich hier und jetzt unvermutet öffnen, auf uns wartet auch keine Wiedergeburt von Vergangenheit, in der alles besser schien. Auf uns wartet inneres Wachstum, auf uns wartet Kampf, auf uns wartet immer zunächst das *Hindurch*[1].

Faktisch gegründete Ohnmacht gilt es anzunehmen; was sich überlebt hat, darf sterben. Doch die Haltung des Hindurch trägt den Namen *Trotzdem.* Hinter jedem Tunnel wartet Licht. In jeder Katastrophe verbergen sich bereits mögliche Kräfte und Konturen des Neuen. Das Hindurch stemmt sich gegen die *Acedia.* Es steht für Aufbegehren gegen jede Form von Resignation. Es macht nicht gleichgültig gegenüber den Wandlungsleiden der Welt, im Gegenteil. Allerdings verzichtet es auf den Anspruch der Meisterung dessen, was nicht zu meistern ist, stellt es die Reifung

der Seelen im Prozeß des Wandels vor Muskelspiel und blindes Tun. Hindurch setzt alles auf die Karte des göttlichen Auftrags, unter dem wir stehen und handeln sollen. Es stellt sich der Gewißheit, daß, was immer auch geschehen mag, das Göttliche darauf wartet, entdeckt und befreit zu werden in den Lebensraum der Menschheit hinein. In der Haltung des *Hindurch* nimmt der Mensch mit dem, was er vermag und der Einsicht in das, was ihn zu verzehren droht, sich selber an. Er übt Verzicht auf vordergründige Heilsversprechen und Rettungsanker, lebt in die Freiheit hinein, lebt ganz aus Gnade, ohne Jagd nach dem Ich, das er nicht ist und nicht sein soll. Er stellt sich in die Transzendenz, deren Licht durch alle Gegenwärtigkeit hindurch scheint und bewahrt sich so vor Lüge und Selbsttäuschung, vor Hybris und Verzweiflung. Das göttliche *Du* begleitet den Weg.
Hindurch ist letztlich die Umschreibung für das Programm der wahrhaften Menschwerdung, für das Aufbieten aller Kräfte, die wir benötigen, um zu unseren äußersten Einsichten und Möglichkeiten vorzudringen. Aus dieser Haltung heraus und mit dieser Haltung auch erwächst erst absichtsfreie, aber wahrhafte Hilfe für andere Menschen. An sich selbst arbeiten wird zur Zuarbeit für andere, auch wenn sich diese Zuarbeit als solche bisweilen unserer Wahrnehmung entzieht; geschieht das Erwachen und Erstarken der Seele doch unauffällig und leise.

Hoffend-Sein

Das große Projekt des *Hindurch* stellt Zuversicht wider alle Vernunft, dem Verzagen, der Stumpfheit und der Verzweiflung gegenüber. Der Geist des *Ja* kontert das resignierte Achselzucken. Ja zu Gott, ja zu unserem Selbst, ja zum kosmischen Geschehen. Wir können auch sagen: *Hindurch* führt uns dazu, uns zweckfrei zu bereiten, in Bereitschaft zu leben, hoffend zu sein. Sich bereiten also heißt, in Hoffnung zu leben; nicht hoffend auf dies und das, sondern einfach hoffend da zu sein. Hoffnung steht für die

Grundkraft der mit Geist beschenkten Lebewesen. In der Hoffnung greift der Mensch nach letzter Einsicht und letzter Erfüllung, streckt er sich im »schon jetzt« hinein in das »noch nicht«.
Alfons Rosenberg:
»In der Hoffnung übersteigt der Mensch nicht nur die Gegenwart, sondern auch sich selber und sein Geschick, in der Hoffnung besteht ein Volk seinen Schicksalsgang. Nur in der Hoffnung, der Kraft des Ausharrens und des Strebens zugleich, erfüllt sich der in der Zeit gelebte, auf ein letztes erwartetes Ziel gerichtete christliche Glaube ... Auf dem Bogen der Hoffnung liegt der Pfeil der Sehnsucht, der in das Herz Gottes zielt.«[2]
In der Hoffnung als Tugend des »noch nicht« und durch die Hoffnung nimmt Zukunft Gestalt an. Das Hoffend-Sein alleine entspricht der Existenzform des Menschen. Nichts anderes meint das berühmte Paulus-Wort:
»Denn wir sind gerettet, doch in der Hoffnung. Hoffnung aber, die man schon erfüllt sieht, ist keine Hoffnung. Wie kann man auf etwas hoffen, das man sieht? Hoffen wir aber auf das, was wir nicht sehen, dann harren wir aus in Geduld.« (Römer 8,24 f.)
Und die Hoffnungen, die wir begraben mußten?
Verbleibend in der Hoffnung auf das, was »noch nicht« zu sehen ist, gibt es kein letztendliches Sterben, auch keines der Hoffnung selbst. In Hoffnungsangelegenheiten existiert kein letztes Wort[3]!
Da-Sein in der Hoffnung lenkt Ströme der Kraft und der Heilung aus der Zukunft in das Jetzt. Geht es aber darum, im *Hindurch* diese Ströme wahrzunehmen, dann brauchen wir die feinste Wachheit und Aufmerksamkeit, um nicht den Versuchungen, die Acedia heißen, schließlich doch zu erliegen.

Auf dem Weg ins theonome Zeitalter

Hindurch – aber wohin?
Hoffend-Sein – doch auf welchem Grund?
Das Wohin im *Hindurch* gewinnt Kontur in der vertrauenden Beharrlichkeit, mit der wir unseren Weg, als von Gott bestimmt, von Gott geführt, in Gott und auf Gott zu, sehen und gehen. Kein letzter Sinn erschließt sich ohne die göttliche Dimension. In Gott liegt die Zukunft nicht nur des Menschengeschlechts als Ganzes sondern auch unsere je eigene Zukunft, genau wie unsere Geschichte, die ganze menschliche Ursprungsdynamik aus ihm erwachsen und geworden ist. Gott – dieses so oft mißbrauchte, vereinnahmte und instrumentalisierte Wort – das meint doch unendlich mehr als nur einen Denkentwurf über das ewig Ferne und Außenstehende, den der Mensch aus seiner eigenen Leere heraus schafft.
In Gott und auf Gott zu handeln, heißt Handeln in theonomer Haltung, heißt bestimmt sein durch die unmittelbare Hinwendung zu dem Göttlichen und Offenheit für das Göttliche[4].
Bezeichnet Autonomie den auf bloßer Faktizität, gesellschaftlicher Regelung, technischer Machbarkeit und Sicherheit durch Strukturen beruhenden Sinnentwurf der sogenannten aufgeklärten und modernen Zeit, führt Theonomie uns zu unseren Wurzeln zurück und zugleich in eine neue Zukunft hinein, die sich aus der Berührung mit dem Unbedingten und letzten Sinn speist. Autonomie und Theonomie stehen in keiner grundwidersprüchlichen Beziehung zueinander, dies muß deutlich betont werden, doch wird letzter Sinn und letztes Sollen erst durch die theonome Durchdringung von allem erkennbar und damit existentiell. Der auf bloße menschliche Autonomie sich reduzierende Seinsentwurf verkümmert den Menschen in der Beschränkung auf sich selbst.
Paul Tillich:
»Die Autonomie wird immer leerer, immer formaler, immer mehr aufs Tatsächliche gerichtet und wird in Skeptizismus und Zynismus, Sinnverlust und Ziellosigkeit getrieben. Die Geschichte

autonomer Kulturen ist die Geschichte einer fortlaufenden Verschwendung geistiger Substanz.«[5]

Wir stehen am Beginn, ja sind schon inmitten einer scharfen und möglicherweise verhängnisvollen Auseinandersetzung zwischen autonomer Welt und theonomer Erkenntnis. Denn die aus der autonomen Geschichts- und Existenzinterpretation gewachsenen, den ganzen Globus umspannenden technischen Strukturen zwingen die Menschen und Völker täglich mehr in Abhängigkeiten und Sachzwänge, binden sie als Schicksalsgemeinschaft der Selbstzerstörung immer näher aneinander. Hier hilft kein Schönreden und Gesundbeten mehr. Hier können wir in dem *Hindurch* durch die notwendige Auseinandersetzung nur vertrauen, daß sich im Damoklesschwert der globalen Bedrohung und Betroffenheit die neue Wirklichkeit spiegelt und sie global erkannt wird, bevor der Faden reißt. *Hindurch* in das theonome Zeitalter, *Hindurch* in gelebter theonomer Zeit, *Hindurch* in der wesenhaften Form von Religiosität: leidenschaftlich nach dem letzten Sinn des Lebens fragen, leidenschaftlich vom Letzten ergriffen sein und sich den daraus folgenden Anforderungen leidenschaftlich stellen. Das Erwachsen der theonomen Zeit in theonomer Haltung derjenigen, die in der Erkenntnis und in der Anforderung stehen, führt über den Weg der Neu- und Wiederverwandlung unseres Alltags: Das Leben ist täglich neu ein Geschenk, es gibt keine Selbstverständlichkeiten. Wir sind gerufen, nicht gemacht. Im Lichte überzeitlichen Sinns leuchtet Profanes als heilig, wird zufällige Begegnung zum Geschenk und Gnadenerweis. Spiritualität, gerade auch in der Normalität, Wachheit, gerade auch in der Routine – danach ruft die religiöse Lebenspraxis des *Hindurch*. In ihr nehmen wir unser göttliches Gegenüber nicht mehr wahr im Horizont einer Beziehung von Macht und Hinnahme, sondern in der Dimension einer Seinsweise des Miteinander, des bundeshaltigen aneinander Gebundenseins[6]. Leben in der Gnade des Gerufenseins ist Leben in geschenkter Freiheit, Annahme der Freiheit und Annahme der Mitverantwortung für den Prozeß der Schöpfung. Es ist damit aber auch

Leben im prophetischen Geist dieser Gottesbeziehung, solange die Mächte dieser Erde herrschen.
Das Christentum, das sich im bloßen Geduld-Üben, in der Hinnahme und der Aufopferung für die Mächte dieser Erde erschöpft, das Nichttun garnierend mit frommen Verbrämungen, ist als Christentum gescheitert. Es gibt eine Folgenlosigkeit und Erstarrung in (selbst)zerstörerischer Normalität, auf die wir nicht mehr bauen dürfen und doch auch nicht können. An die Stelle historisch gerichteter und doktrinär verfestigter Beharrung und Kälte tritt die Frucht inneren Wachstums und innerer Erfahrung. Sie wächst mit dem Wachstum wahrhaft lebendiger Gottesbeziehung, wächst mit der Erfahrung, Immanenz und Transzendenz der Gottheit wahrzunehmen. In diesem Prozeß des Erfahrens und Wachsens werden wir feststellen, daß Jesus Christus, daß der Christusimpuls in dieser Welt dem Christentum immer schon weit voraus ist; voraus in eine Richtung, die kirchliche oder gar konfessionelle Identität unfaßbar transzendiert.

Wir sind im Aufbruch, bewegen uns in gespannter Erwartung, vorbereitet, daß jeder Augenblick alles offenbaren kann, alles fordert, und sei es auch nur der erste kleine Schritt, der allerdings trotz seiner Kleinheit auf das Ganze verweist. Von der Zukunft her in der Unbedingtheit des Jetzt leben, von der Zukunft her sein und erfahren, daß letzte Erfüllung immer noch aussteht, das schließt endgültige Zufriedenheit mit den Schritten, die getan sind, aus. Zufriedenheit stellt sich alleine durch das Annehmen der Lebens- und Glaubensweise her, zu der wir finden – und durch die Gewißheit, daß wir wenigstens der Richtung auf Erfüllung hin auf der Spur sind.
Erschütterbar bleiben trotz aller Einsicht, unruhig bleiben trotz eines kontemplativen Lebensstils – beides gehört dazu. In der Abkehr von der Oberflächenbeziehung zu mir selbst und zu Gott, zu dem Schein-Sein ichbezogener Haben-Orientierung, begeben wir uns in die Transformation des »Stirb und Werde«, die die Kernanforderung des Evangeliums ausmacht. Status Viatoris, im

Zustand des Auf-dem-Weg-Seins, lautet der Schlüsselbegriff christlicher Lebenslehre hierzu. Auf diesem Weg mag manches liegen und auf uns warten, bloß keine Sicherheit. Wer auf dem Weg ist, liefert sich in gewisser Weise aus, hat sich zur Verfügung gestellt, Ansprüche, die nicht aus dem Weg geboren wurden und werden, aufgegeben. Er hat eine neue Stufe des Menschseins betreten, dem Einbruch des Göttlichen in sein Leben stattgegeben. Martin Buber schreibt in »Daniel«:
»Dieses ist das Reich Gottes: das Reich der Gefahr und des Wagnisses, des ewigen Beginnens und des ewigen Werdens, des aufgetanen Geistes und der tiefen Verwirklichung, das Reich der heiligen Unsicherheit.«[7]

Zu diesem Buch

Von dem Statu Viatori, dem Auf-dem-Weg-Sein, dem sich Hinwagen zu Gott, handelt dieses Buch. Es will Wegweisung sein für Suchende, auch wenn die Schritte, die ein Mensch auf diesem Weg geht, mit keinem anderen Schritt irgend eines anderen Menschen identisch sind. Gott teilt sich jedem, der ihn sucht, auf andere Weise mit, konfrontiert uns – zwar vergleichbar, doch nicht identisch – mit der unausweichlichen dunklen Nacht, mit der maßlosen Sehnsucht, mit seinem Licht. Drei Schlüsselbegriffe markieren den Weg des wahrhaft Suchenden:
Sehnsucht – Kairos – Kontemplation.
Mit und in diesen Begriffen werden wir uns durch dieses Buch bewegen.
Der Mensch wird Mensch erst durch die Sehnsucht ... Seine Tiefe, das, was er vor Gott sein soll, liegt in seiner Endlichkeitsdynamik. Maßlos und unerschöpflich fließen die Sehnsuchtsströme durch das Leben. Oft geraten sie auf Abwege, folgen Irr- und Scheinlichtern, verlieren sich in der Jagd nach Äußerlichem, nach Dingen, nach Beziehungen und Bezügen. Doch letztlich steht hinter jeder Jagd, hinter jeder Suche, hinter jeder Sehnsucht das

Letzte, das Absolute, das wir Gott nennen. Der Mensch streckt sich nach dem Göttlichen, sucht die Vereinigung und kann dies nur tun, weil Gott gesucht und ersehnt sein will. Ein anonym gebliebener Kartäuser aus dem 14. Jahrhundert, der Verfasser der »Wolke des Nichtwissens«, bringt diese Wechselbeziehung zwischen Gott und Mensch in dem Satz auf den Punkt:
»Der Zugang zum Himmel ist die Sehnsucht.«
Die Gottessehnsucht erst verhilft dem Menschen zu seiner Würde, läßt ihn aufrecht gehen, trotz allem, was an ihm zerrt und zieht. Mit der Sehnsucht lockt Gott uns zu unserem Selbst, ruft er uns aus dem Exil der Ich-Bezogenheit und der flüchtigen Geschäftigkeit. Die Gottessehnsucht in ihrer Doppeldeutigkeit ist ein Liebesruf Gottes nach dem Menschen und des Menschen nach Gott. »Unruhig ist unser Herz, bis es Ruhe findet in Dir.«, notierte Augustinus in seinen Bekenntnissen; und ein islamischer Mystiker umschrieb den Sehnsuchtszustand fast gleichlautend als das »ruhelose Suchen der Herzen nach der Begegnung mit dem Geliebten.«
Wer sich des Ursprungs der Sehnsucht bewußt wird und sich ihr stellt, lebt in dem Spannungszustand zwischen »schon jetzt« und »noch nicht«. Er gründet sein Leben als suchende Erwartung auf dem Prinzip Hoffnung, existiert in einer dauerhaften Grenzsituation.
Die Sehnsucht sucht nach Ausdrucksformen gelebter Spiritualität, nach heiligen Räumen und Orten, an denen die Allgegenwart Gottes spürbar wird; bei allem, was uns nach »oben« zieht, braucht sie die Erdung, damit wir uns erinnern, damit wir wach gehalten werden, aber auch, damit wir die Bodenhaftung nicht verlieren und uns dem So-Sein in der Welt stellen.
Und trotzdem: Alles Aufgehen in der Welt ändert nichts an der offenen Wunde, die jeder von der Sehnsucht erfaßte Mensch zeitlebens trägt, ändert nichts an der Erfahrung der Einsamkeit, die den Sehnsuchtsweg auf dieser Erde unweigerlich begleitet.
Die Gottessehnsucht ist der Schlüssel zur Erlösung, der Schlüssel für das Tor zur Heimat, der Schlüssel damit auch für Heilung

im weitesten Sinne. Leben in der Sehnsucht, heißt Leben in der Gnade.
Über die Sehnsucht geht das erste Kapitel.

Wo die Sehnsucht durch das Leben führt, gewinnt Zeit eine neue Qualität. Sie fließt nicht träge dahin, kreist nicht beharrlich ums Ziffernblatt, verliert sich nicht im Gestern und Übermorgen. Nein! Für den von Sehnsucht getragenen meint Zeit immer *jetzt*. Jetzt ist die Stunde, jetzt ist die Chance zur Umkehr, in jedem Augenblick ist alles enthalten. Der griechische Begriff *Kairos* benennt dieses Zeitempfinden, das zutiefst jesuanische Züge trägt. Im *Kairos* begegnen sich Vergangenheit und Zukunft, ereignet sich der Einbruch des Ewigen und Göttlichen in die profane Zeit, stellt sich Unmittelbarkeit des Seins im göttlichen Raum her. Der *Kairos* kann biographische, kann epochale, kann heilsgeschichtliche Züge tragen. Er ist erfüllte Zeit, die das Unendliche genauso in sich enthält wie die konkrete Anforderung der Situation. Im Licht des *Kairos* wird Zeit zu mehr als bloßer Gegenwart, kann jede Zeit sich als Zeit der Offenbarung enthüllen.
Wer im *Kairos* lebt, lebt in Kontingenz: alles vermag sich jederzeit zu ereignen. Das Leben im *Kairos* führt zur Befreiung, jedoch auch zu einer Radikalisierung der gesamten Existenz. Keine Situation erscheint zweimal, jede Chance ist originär, es gibt Züge, die ich nur einmal im Leben besteigen kann, es kommen Begegnungen, die sich nicht wiederholen. Wachsein, authentisch sein, die Geister unterscheiden – ein *Kairos*förmiges Leben fordert, stemmt sich gegen jedes Verweilen.
Die *Kairos*-Kultur trägt ein prophetisches Gewand.
Der kosmische Karfreitag, den die gegenwärtige Menschheitsepoche durchlebt, steht bereits im Vorzeichen eines menschheitsgeschichtlichen *Kairos*. Krisen gehen der Offenbarung notwendig voraus.
Über das Leben im *Kairos* spricht das zweite Kapitel.

Sehnsucht und *Kairos* machen das menschliche Sein unruhig; sie verbieten es, sich innerlich einzurichten und zurückzulehnen in vordergründiger Zufriedenheit und Sicherheit. Sehnsucht und *Kairos*, sie stehen für den Kampf in unserem Leben, sie repräsentieren aber auch die Seinsweise, die nichts ist, zu nichts führt, ohne ihr Gegenstück: die Kontemplation. Kampf und Kontemplation, Tun und Loslassen, Sturm und Stille, Gestalten und Staunen, prophetisches Wort und tiefes Schweigen – sie sind eins, das eine gebiert das andere und muß verkümmern ohne sein Pendant.

In der Kontemplation bereitet sich der Mensch für den Geist Gottes. Er nimmt sich ganz zurück, übt sich im hinnehmenden Empfangen, wohl ahnend, daß nur das Schweigen der Größe Gottes adäquat ist, daß nur der wahrhaft Schweigende zu hören vermag.

In der Kontemplation verschmelzen *Kairos* und Sehnsucht, stellt sich Ruhe her im Herzen des Taifuns, wird der Pulsschlag der Unendlichkeit in Unmittelbarkeit spürbar. Schweigend, in der Haltung des Loslassens, schwingt der Mensch sich in den Klang der Schöpfung ein, befreit er seine Sinne, erwächst immer wieder neues Staunen über das »Siehe, sehr schön!«

Doch vor dem Brunnen liegt die Wüste. In der Kontemplation begegnen wir zunächst und immer wieder Gottes Schweigen, wartet die dunkle Nacht, geschieht inneres Ringen.

Wir werden mit unserem wahren Selbst konfrontiert, stehen in der Anforderung des »Stirb und Werde«. Der Weg der Kontemplation ist schmal. Auch er gehört zum Weg Jesu, führt zur engen Pforte, hinter der allerdings Heil-Werden, Heilung wartet.

Vertrauen, Treue und Disziplin begleiten jede vita contemplativa. Sie sind das notwendige Rüstzeug, doch die Führung liegt allein bei Gott und seinem Geist. Sophia läßt sich locken, doch nicht zwingen.

Über Kontemplation und Wege zum Schweigen handelt das dritte Kapitel.

Sehnsucht, *Kairos*, Kontemplation – Dreieinigkeit.

Sie schaffen, bilden und bewahren den Lebensraum für die göttliche Trinität:

Leben in der Sehnsucht nach dem Göttlichen und dem Absoluten, leben in der unmittelbaren und unbedingten Anforderung dessen, der als »der Weg, die Wahrheit und das Leben« sich in menschlicher Gestalt mitgeteilt hat, leben in der Hingabe an den kosmischen Geist.

In der Welt und für die Welt, in Gott und auf Gott zu – auch wenn im Letzten, vor Gott, jeder Mensch alleine steht, können und sollen wir diesen Weg nicht alleine gehen. Das Neue, das auf den Durchbruch wartet, kommt nur aus dem Licht, wenn sich die verbinden, die im Geist leben, die Sehnsucht tragen; wenn sich die Gottsucherinnen und Gottsucher aller Konfessionen zusammenschließen zu Geschwisterschaften des *Hindurch*, zu *Kairos*-Gemeinschaften, zur Diasporakirche derer, die es sehen: Die Zeit ist da!

Auf diese Zellen des Zukünftigen blickt das vierte Kapitel.

Wir sind berufen, den Einbruch des Göttlichen in unser Leben zuzulassen und uns zu bereiten. Wer sich bereitet, nimmt seine Würde wahr, entscheidet sich, transzendiert sich selbst und alle Bindung. Er wird erkennen, daß hinter allen Fassaden, allen Dogmen und Rechtfertigungen, allen Konfessionalisierungen und Theologisierereien immer nur der eine Gott, das eine göttliche Mysterium wartet. Ein Ausblick beschließt dieses Buch.

I
Sehnsucht

Der Hunger des Herzens nach Gott

»Sehnsucht, ist eine heftige Begierde nach einer solchen Sache, die man nicht sogleich bekommen kan, und deswegen mit einer ziemlichen Unruhe des Gemüths verknüpfet ist. Sie ist entweder eine ordentliche, die ordentlicher Weise aus der Vorstellung des Verstandes bestehet, oder eine ausserordentliche, wie man dergleichen bisweilen bey schwangern Weibern antrifft.«[1]
Zedlers Universallexikon aus dem Jahre 1743 weist die Sehnsucht, sei sie »ordentlicher« oder »ausserordentlicher« Natur den Affekten und Begierden zu. Diese Zuordnung hat Tradition. Bereits Aristoteles stellte die Sehnsucht in eine Reihe mit Zorn, Furcht, Neid und Mitleid, immer begleitet von Lust und/oder Schmerz. Jan Amos Comenius, selbst »ein Mann der Sehnsucht«, setzt im 17. Jahrhundert einen anderen Akzent. Er spricht von der heftigen Leidenschaft, entstanden aus dem Gefühl, etwas notwendig Gutes zu entbehren[2]. Hier geht es um leidenschaftliches, liebendes Verlangen, um den Hunger des Herzens nach dem Höchsten und Guten, nach dem, was zumeist so unerreichbar scheint. Wo diese Sehnsucht brennt, bestimmt sie das Leben, sind Menschen ergriffen von dem, was sie nicht greifen können.
Im west-östlichen Diwan bringt Johann Wolfgang von Goethe etwas von diesem Ergriffensein zum Ausdruck[3]:

»Sagt es niemand, nur den Weisen,
Weil die Menge gleich verhöhnet,
Das Lebend'ge will ich preisen
Das nach Flammentod sich sehnet.

In der Liebesnächte Kühlung,
Die dich zeugte, wo du zeugtest,
Überfällt dich fremde Fühlung
Wenn die stille Kerze leuchtet.

...

Keine Ferne macht dich schwierig,
Kommst geflogen und gebannt,
Und zuletzt, des Lichts begierig,
Bist du Schmetterling verbrannt.

Und so lang du das nicht hast,
Dieses: Stirb und Werde!
Bist du nur ein trüber Gast
Auf der dunklen Erde.«

1. Suche nach der Heimat im Ewigen

In der Sehnsucht drängt der Mensch über sich hinaus, langt er hinaus über seine Seßhaftigkeit.
Das rationalistische Verständnis von menschlicher Identität schreibt dem sogenannten Homo Sapiens in Abgrenzung zu anderen (bekannten) Lebensformen Ich-Bewußtsein, Reflektionsfähigkeit und Handlungsfähigkeit unter dem Primat der Vernunft zu. Gewiß, dieses menschliche Selbstverständnis taugt zur Markierung des Eigenen in Abgrenzung von dem »niederen« Anderen. Aber es läßt zugleich den Menschen bei sich selbst, begrenzt ihn auf sich selbst. Die wahre Menschheitsfülle und Menschheitstiefe jedoch entsteht durch die Hingabe an das Größere, durch die dauerhafte Suche nach dem Höheren.
Das Leben in der Sehnsucht erst zeichnet den Menschen aus, macht ihn zu dem, was er ist und noch werden kann. Das Leben in der Sehnsucht schenkt dem Menschen seine Identität, die Identität, wachsen zu können. Ohne diese Erfahrung wartet auf ihn die Erstarrung zum Ding unter Dingen, die Verstrickung in Sinnlosigkeit.
In der Sehnsucht brechen wir mit dem Zustand, von unserer wahren Tiefe tragisch entfremdet zu sein. Wir geben dem ewig Utopischen in uns Raum und tauchen ein in unser tiefstes Wesen, erschließen unsere reichste Quelle, die Unendlichkeitsdynamik[4].
In der Sehnsucht forschen wir nach dem Urerlebnis hinter allen Erlebnissen, spüren wir den Drang, die Vielheit zu überwinden in der Einheit. Mag sein, daß dieser Drang seine Wurzel und Triebkraft hat in der unbewußten Ahnung und Erinnerung an den Ausgangspunkt allen Seins, den wir biblisch mit »Paradies« umschreiben und der zugleich, wenn auch bildlich naiv nicht faßbar, unser letzter Heimatpunkt ist, die Wiedervereinigung mit dem Absoluten, mit Gott.

Der Zustand und die Wahrnehmung von Begrenztheit und Ungewißheit liegen vor dem Drang nach dem Unerreichbaren. Die menschliche Sehnsucht wäre nicht denkbar ohne die Erfahrung des Seins in all seinen Begrenzungen; einem Sein, das nach Wandlung ruft. Und so umschließt in diesem Drang die Sehnsucht ein Doppeltes: Indem sie uns entflammt hält in der Suche nach dem Letzten, bewahrt sie uns vor uns selbst und vor Grenzüberschreitungen, die nicht in die Nähe von Gott sondern in die des Abgrundes führen; dieser Abgrund heißt Verabsolutierung und Vergöttlichung des Selbst.

Hätten die Nüchternen einmal gekostet, alles verließen sie und setzten sich zu uns an den Tisch der Sehnsucht, der nie leer wird. (Novalis)

Daß das Streben nach Erfüllung, die Suche nach dem Tisch der Sehnsucht, gleichsam die Triebkraft des Seins überhaupt sei, das lehren uns schon manche antike hellenistische Denker. Doch dieses Streben hat Stufungen. Es reicht von der naturwüchsigen Erfüllungsbewegung im Vorraum der Gottergriffenheit – etwa in der Libido als einem Punkt, an dem der Mensch das »Normale« bis hin zur Berührung des Absoluten und Geheimnisvollen zu durchbrechen vermag – eben bis hin zu dem, was Augustinus die heilige Sehnsucht nennt: Geisterfüllt wird sie von Gott an uns herangetragen und in uns erweckt. Von Gott erkannt will der sein, den die heilige Sehnsucht ruft, und er will im Lichte seines Angesichtes leben, als einem unentfremdeten Heimatraum, in dem das unfaßbare *Du* als Ansprechpartner in jeder, auch der extremsten Lebenssituation wartet. Die heilige Sehnsucht als die erste und die letzte, die wahre Sehnsucht, kennt kein Maß, ist unerschöpflich. Grenzen sind ihr nicht vorstellbar und nicht auferlegbar. Das macht ihr Geheimnis aus und erklärt die Unruhe, die ihr eigen ist. Nie läßt sie nach, auch wenn die Schritte zur Erfüllung auf sich warten lassen. Das Verlangen nach dem ganz anderen verlischt nicht wie ein Bedürfnis mit seiner Befriedigung erlöscht[5]. Der Sehnsüchtige behält immer Durst, lechzt stets wie der Hirsch nach frischem Wasser, nach Gott, dem lebendigen Gott. (Psalm 42,2 f.)

Der Prophet Jesaja:

Meine Seele sehnt sich nach dir in der Nacht, auch mein Geist ist voll Sehnsucht nach dir. (26,9)

Die Sehnsucht bleibt, auch wenn – ja gerade wenn –, wie gegenwärtig, in einer Epoche der Beschleunigung Orte als Identifikationsstätten sich auflösen, Raum sich verliert durch Raumgewinn, Zeit als Zeit-Raum der Geborgenheit digitalisiert wird in ein Stakkato immer kürzerer Phasen. In solcher Zeit wird die heilige Sehnsucht für den Gottsucher zum wahrhaft gewohnten Lebens-Raum, erweist sie sich als Befreiung in einer Welt, die aus den Fugen geriet, ermöglicht sie unverhaftetes Da-Sein im Kraftstrom der Zuwendung aus dem Unendlichen.

Ohne die heilige Sehnsucht verkümmert unsere Seele, trocknet sie aus, – und mit ihr vertrocknen die Keime des Schönen. Ohne Sehnsucht nach dem Höchsten, Größten, Schönsten und ohne die damit verbundene Aufrichtung des Menschen entsteht keine Würde. Wo diese Würde allerdings aus dem Sehnsuchtsdrang erwächst, wird sie standhalten in Zeiten allgemeiner Anpassung und eines allgemeinen Arrangements mit dem nur zu oft lebensverachtenden Gegebenen.

2. Irrwege der Sehnsucht

Hinter allem Streben des Menschen steht die Suche nach dem Absoluten, die Suche nach dem Letzten und damit die Suche nach Gott. Doch es gehört zur Charakteristik der Menschheitsentwicklung, daß Ursprünge der Verfremdung unterliegen, daß vor das Eigentliche sich das Anscheinende schiebt, daß die Erscheinung vorgibt, das Wesen zu sein, daß vor dem Licht das Irrlicht blendet. Die sekundäre Sehnsucht beherrscht unsere Zeit. Sie saugt die unerschöpflichen Kräfte des menschlichen Sehnsuchtspotentials auf, lenkt sie in Ströme der Ablenkung, des Vergessens und der Hoffnungslosigkeit. Auch die sekundäre ist wie die heilige Sehnsucht getrieben vom Durst nach dem Andersartigen, dem Ungewöhnlichen, dem Neuen; auch sie sucht, was jenseits der Normalität liegt. Doch das andere, nach dem die sekundäre Sehnsucht jagt, erschöpft sich in dem, was der Mensch sich selbst bereitzustellen vermag bzw. was Dealer mit der Droge Sehnsucht ihm allenthalben anzubieten bemüht sind. Die sekundäre Sehnsucht mag es in wechselnden Erscheinungsformen wohl geben, seit es Menschen gibt, auch das erzählte uns bereits die Geschichte vom Garten Eden. Doch erst das Zeitalter der Aufklärung, der Industrialisierung und der Verwissenschaftlichung nahezu aller Lebensbereiche bescherte die Früchte vom Baum der Erkenntnis als vorherrschendes Lebensmittel.

Wissensdurst, ja Wissenssucht sind nichts Negatives, solange sie im göttlichen Urgrund und im göttlichen Verweisungszusammenhang bleiben. Ohne diese Verankerung jedoch werden sie unkontrollierbar und nicht mehr beherrschbar. Ihre Produkte lenken vom Göttlichen ab, die Suche wird orientierungs- und besinnungslos, ohne Chance, wirklich zu finden. Die Machbarkeit von diesem und jenem gerät zum Selbstzweck, das Sein erscheint mit der Zunahme an Mitteln, Methoden und Verfahren mehr und mehr gestaltbar, planbar, steuerbar. Und die Folgen? Anders als erwartet wächst kein Mehr an Sicherheit und Stabilität aus diesem Prozeß; vielmehr wird all das zertrümmert, was Sicherheit im Letzten schenkte. Mit der Machbarkeit, mit dem Eindringen in die Geheimnisse des Lebens und mit der Vernutzung von Erde, Wasser, Luft, Pflanzen, Tieren und den Menschen selbst erstirbt die Ehrfurcht. Sein und Zeit, aller Mythen entkleidet, verbleiben als bloße Verfügungsmasse.

Mit den Mythen aber weicht das Numinose, das Göttliche, das Geheimnisvolle, das Unbegreifbare. Erklärungen füllen das so entstandene Vakuum, Erklärungen bieten Halt – muß nicht alles, was ist und sein könnte der Rationalität, methodisch begründet, zugänglich sein? Und religio, Rückbindung, ruht sie nicht im Menschen selbst?

Wo wahre Religion, wo das Sein in Gott und auf Gott zu, wo die erlebte Teilhabe am Wunder der Schöpfung als Grundimpuls des Seins an Attraktivität verlieren, überdeckt und verdrängt werden, da bleibt dem Menschen neben dem Sekundären nur noch das Ich. Zurückgeworfen auf sich selbst, sucht er nach Erfüllung, nach Letztbegründungen und Letztursachen in seinem persönlichen Sein. Langeweile, Verbitterung, Entwurzelung und Verunsicherung, gegen die keine Versicherung hilft, sind unausweichlich.

Unter der Last dieser individuellen, die zugleich eine gesellschaftliche Befindlichkeit ist und die sich noch ausbreitet im Angesicht der Krisen und Katastrophen, die die Menschheit gegenwärtig schon durchlebt und auf sich zukommen sieht, erstumpft der Sehnsuchtsglanz, den seit den Tagen der Aufklärung Sozialutopien immer zu verbreiten in der Lage waren. Vor der Kulisse des täglichen Scheiterns ihrer Versprechen wirken sie blutleer. Ihre Verkündigung ist selbst zum Ritual geworden, ohne Feuer, ohne Überzeugungskraft. Sie kommt nicht aus dem Herzen und erreicht auch keine Herzen mehr. Durchbrochen scheint die Dialektik des Geschichtsprozesses, Utopie und Nichterfüllung scheinen wesensgleich. Die Zeit, so hat es manchmal den Anschein, ist als Geschichte und Geschichte machende Zeit aufgehoben, einem sonderbaren Vakuum gewichen, das die Kräfte des Lebens in sich aufsaugt. Mit dem Lichtstern der Utopie vom gelingenden Leben, mit dem Glanz der visionären Schau und mit der Zuversicht transzendenter Geborgenheit versiegt die Hoffnung. Zynischer Realismus, der nicht selten in Hochmut umschlägt, breitet sich aus, und vor das Ethos, das gelebte Humanum, schiebt sich in wachsendem Maße die Selbstaufgabe.

Was ist das für ein Kreislauf! Der Siegeszug der scheinbaren Machbarkeit konfrontiert bei gleichzeitigem Verlust des Göttlichen den Menschen mit seiner ganzen Ohnmacht, und aus dieser Ohnmacht steigt statt Demut immer wieder neue Anmaßung hervor, die Horst Eberhard Richter treffend umschrieben hat:
»Die scheinbar unbegrenzten Möglichkeiten der mathematischen Naturerkenntnis und deren technische Anwendung sind die fiktive Stütze einer neuen gigantomanen Selbstgewißheit. Wenn der Mensch Gott nicht mehr haben kann, muß er selbst Gott werden. Aus dem Anspruch auf eine totale Verfügungsmacht ergibt sich eine Destruktivität, die auch gewaltsam Hand an die Natur legt.«[6]

Die Suche des Ewigen im Vergänglichen

Denn mein Volk hat doppeltes Unrecht verübt: mich hat es verlassen, den Quell des lebendigen Wassers, um sich Zisternen zu graben, Zisternen mit Rissen, die das Wasser nicht halten. (Jeremia 2,13)

Mit dem Aufstieg der wissenschaftlich-industriell-technischen Zivilisation gingen die Ur-Sehnsüchte der Menschen nicht verloren. Sie wurden umgelenkt in das Fahrwasser der sekundären Sehnsucht, übertragen auf Dinge, die in ihrer Erscheinung für das Ursprüngliche zu stehen vorgeben.
Automobile versprechen Mobilität und Freiheit, Mode und Kosmetika verkörpern den Zugang zur Schönheit, Pharmaprodukte

offerieren Gesundheit, Körperpflegemittel locken mit erfüllter Partnerbeziehung, ja Liebe. Waren suggerieren die Verfügungsmacht über Raum und Zeit, über Natur und Kreatur, über Affekt und Gefühl. Welche an sich schönen Kräfte, welcher Ideenreichtum, welche Kreativität und nicht zuletzt welches Wissen um den innersten Zustand des Menschen haben die Sehnsuchtsindustrien samt ihren Werbeimperien in sich aufgesogen, um den großen Geheimnis- und Jenseitsdrang des Menschen in Produkte und Märkte zu pressen[7]. Und sie saugen ständig weiter, arbeiten ohne Unterlaß an der Überbietung dessen, was gerade noch als das Absolute von den Litfaßsäulen winkte und aus den Fernsehspots schrie. Alterung – auch von Produkten – ist nicht erwünscht; kontinuierliche Neuerungen und Erneuerungskäufe sichern den »Ewigkeits«charakter dessen, was die Ware an Sehnsuchtswert verspricht. Auch in den Äußerungsformen der sekundären Sehnsucht pulsiert somit ständige Unruhe, jedoch als Druck des Neuen, verbunden mit der Angst, verpassen zu können, was an innovativen Errungenschaften das Forum des Marktes betreten hat. Die sekundäre Sehnsucht in der Konsumwelt weicht den in ihr unerfüllten und unerfüllbaren Sinn- und Sehnsuchtsspitzen durch Produktwandel aus. Alle Produkte, und damit auch die dahinter stehenden Versprechungen, haben dabei den gleichen Wert. Die Vielfalt und Veränderungsgeschwindigkeit nivellieren jegliches Besondere. Sie blockieren Innehalten und verstellen die Chance zum Durchbruch in das Wesentliche. Vom Blickpunkt des Verbrauchers aus liegt der Wert des Produkts in der schnellen Verfügbarkeit von Sehnsuchtsangeboten; vom Blickpunkt des Marktes aus, liegt der Wert des Menschen in seiner Funktion als Verbraucher.

Die Sehnsucht der Moderne wird in Supermärkten der Glücksversprechen verwaltet und vermarktet.

Eine Sonderform der sekundären Sehnsucht repräsentiert die Popkultur. In ihr schafft sich jugendliche Sinnsuche und jugendlicher Sehnsuchtsdrang ungestüm Platz. Auch hier stoßen wir sofort auf Kanalisierung und Vermarktung, doch gleichzeitig liegt in dieser nie vollständig manipulierbaren Kultur immer schon die Ahnung von Mehr. Bilder, Symbole, Töne und körperliche Ausdrucksform erzählen von Träumen gelingenden Lebens. Musik- und Leinwandidole verkörpern den Wunsch nach dem gottähnlichen Menschen; der Horizont hinter der Mittelmäßigkeit scheint greifbar nahe; mit der vorgezeichneten Anpassung ringt noch die Wildheit; noch lockt das Geheimnisvolle. Die Popkultur trägt in sich einen Schlüssel zur Erfahrung von Transzendenz. Sie ist immer auch ein gewaltiger Sehnsuchtsschrei im Vorraum des Numinosen.

Gerhard Schulze hat in einer vielbeachteten Abhandlung den kollektiv fehlgeleiteten Sehnsuchtspotentialen den Namen Erlebnisgesellschaft gegeben[8]. Erlebnis steht für die Jagd nach dem Außergewöhnlichen, nach dem, was aus der Sattheit und zugleich Perspektivlosigkeit herausführen soll. Im Maßstab dieser Gesellschaft wird das gesamte Leben zum Erlebnisprojekt, zum Spannungsbogen zwischen Möglichkeitstraum und angestrebter Erfüllung. Erlebnisansprüche bestimmen den Wert des Lebens und herrschen selbst über Ethos, Tugenden und Tabus. Die Bewegungsrichtung dieses gesellschaftlichen Grundanspruchs ist eindimensional: schneller, weiter größer. Der einzelne befindet sich auf der Jagd, Konstanz stellt sich durch Unrast her. Die letzten Reservate des Unbekannten auf dieser Erde sind so von den Erlebnis-Jägern heimgesucht worden, Sehnsuchts- und Abenteuerreisen haben sich zu einem weltweiten Milliarden-Markt entwikkelt. Wo das eigene Lebensumfeld nicht mehr reicht, um den Durst nach dem Unbekannten und Exotischen, verbunden mit einem Hauch von Abenteuer zu stillen, da locken ferne Kontinente, kulturelle Grenzübertritte, Blicke über den Zaun – doch bitte mit Rückfahrtschein. Wenige Jahrzehnte nur konnte das gutgehen. Heute liegen die sozialen, kulturellen und ökologischen Folgen auf der Hand. Sie reichen von dem Mißbrauch ganzer Kindergenerationen durch Sextourismus, über die Zerstörung von gewachsenen Kultur- und Sozialräumen bis hin zu schwersten Umweltschäden, die Zerstörung des Ozonmantels eingeschlossen. Die Erlebnisindustrie wird sich dadurch allerdings nicht aufhalten lassen. Wo der natürlichen Expansion Grenzen gesetzt sind, entstehen mittels fortgeschrittenster Technik Erlebnisreisen in die virtuellen Welten der Computer und Datennetze. Und selbst Leib und Psyche bleiben von dem Erlebnishunger nicht verschont, wie die vielfältigsten Angebote auf dem Markt der »Spiritualität« beweisen.

Die Erlebnisgesellschaft wäre ohne die alltägliche und allumfassende Präsenz der Medien und medialen Traumfabriken nicht vorstellbar. Eine unendliche Bilderflut, ein ununterbrochener Schwall von Worten und ein alles überdeckender Klangteppich überziehen den gesellschaftlichen Raum. Immer schneller, immer weiter, immer größer, das gilt vor allem auch für die Massenmedien und die Produzenten der medialen Botschaften, die Journalisten. Außergewöhnlichkeit bestimmt den Wert einer Nachricht, die sobald veröffentlicht, bereits wieder veraltet ist. Als öffentlichkeitsfähig gilt nur das Neue, und scheint Neues nicht auffindbar, wird es konstruiert. Die Erlebnisgesellschaft trägt auch den Namen Medien- bzw. Informationsgesellschaft. Die nicht mehr überschaubare Menge an Organen der Veröffentlichung nivelliert Gesagtes zum Bedeutungslosen, entfernt die Sprache, auch die der Bilder, von ihrem Ursprung, entmächtigt das Wort zur leeren Hülse. Im Kampf um Aufnahmebereitschaft und Wahr-Nehmung des Menschen fallen letzte Tabus, werden die Stimmen immer schriller, übertönt die akustische Glocke alles; Bilder verkleben die Seele, es verkümmert Sensibilität, das Sanfte und Subtile erstirbt. Besinnungslosigkeit begleitet den medial gestillten Erlebnishunger. Doch ohne Besinnung bleibt jedes Erlebnis vordergründig, läßt wahre Sehnsucht sich nicht erkennen. Ja noch mehr: Im Lärm der Informationsgesellschaft stirbt die Sehnsucht nach Befreiung und überhören die Menschen die hinter all dem Rauschen liegende rätselhafte Stille, mit der unser Erdball und das eigene Leben sich ihrem Geschick nähern.

Sucht und Sehnsucht

Der Gebrauch der Medien, vor allem der elektronischen, hat in der Informationsgesellschaft drogenähnlichen Charakter angenommen. Die tägliche Dosis an Sensationen, Traumbildern und fremden Lebensgeschichten wirkt als Kitt im Rahmen eines kulturellen Selbstverständnisses, dem ansonsten der Halt fehlte. Zwar leben Menschen immer in Suchbewegungen und schicken ihre Sinne auf den Weg der Suche. Doch Suche ohne Gott wird zur Sucht, in welcher Form auch immer. Wo letzte Fragen, zumindest andeutungsweise sich immer wieder zu Wort melden, letzter Sinn bei allem Tun nicht sichtbar wird, narkotisieren die Drogen des Alltags den Druck, antworten zu wollen und zu müssen. Alkohol, Medien, Arbeitswut – diese verbreiteten Drogen sind gesellschaftlich respektiert, ja tragen zur Festschreibung eines Zustandes bei, dessen Bedeutungslosigkeit ansonsten unmittelbar aufbräche. Anders bei den sogenannten harten Drogen. Ihr unbestritten existenzvernichtender Charakter erfüllt gleichwohl in der öffentlichen Meinung eine grundlegende Sündenbockfunktion, die ablenkt von den allgemeinen und verbreiteten Abhängigkeiten. Gerade bei dem Gebrauch harter Drogen stoßen wir allerdings neben den Menschen, die unbedacht in Abhängigkeit hineingleiten oder hineingezogen werden auch auf Frauen und Männer, die ihren Sehnsuchtsschrei nach dem Numinosen, dem Unendlichen, dem ganz Anderen, radikalisieren. Sie greifen in der Droge nach der existenzübergreifenden Einheit mit dem Kosmos. Sie fliehen aus der Wirklichkeit und aus ihrer Geschichte und suchen die Kommunion mit einer sich umgehend wieder auflösenden x-ten Dimension. Temporäre Unendlichkeitserfahrung, ein Blitz aus dem »Drüben« soll die schmerzhaft empfundene Sinnleere vergessen machen. Als letzte Erfahrung dieses Weges allerdings wartet der, in sich verkürzenden Rhythmen während der Abstinenz partiell schon immer wahrgenommene, psychische und schließlich auch physische Tod. Drogen als Ersatz für religiöse Erfahrung, ob bewußt oder unbewußt gesucht – die Folgen sind verheerend. Luigi Zoja: »In der psychophysischen Veränderung kommt es immer zu einem inneren Ansturm von Bildern und Seelenzuständen, in dem das Numinose erfahrbar wird. Jede andere Erfahrung muß als bedeutungslos dagegen abfallen und fördert die Rückkehr zur Droge ... der Mensch wurde nicht durch geeignete Schritte darauf vorbereitet, auf die inneren Stimmen zu antworten, und wahrscheinlich auch nicht, ihnen zuzuhören. Die Theophanie, die Gotteserscheinung, aber ist unerträglich, wenn sie nicht in einen Glauben eingebettet ist. Jede Religion lehrt, daß Gott zu mächtig ist, um ihn von Angesicht zu Angesicht zu schauen. Der Mensch fällt auf diese Weise in eine Erfahrungsdimension hinein, die der Apostel Paulus ›furchtbar‹ nennt.«[9]

Sucht – gleich auch in welcher Form – fordert immer mehr, bindet an ihren Gegenstand und legt dem Menschen Ketten an[10]: Entzugserscheinungen, Selbstbetrug, Verlust der Willenskraft, Betäubung der Wachheit und Aufmerksamkeit verhindern gerade den Aufbruch dahin, woher ursprünglich und ursächlich die Suche stammt. Sucht und Sehnsucht liegen eng beieinander, das verdeutlicht schon die Begrifflichkeit. Die Unendlichkeitsdynamik, die jede, auch die heilige Sehnsucht treibt, aber wird als Sucht zur Gefangenschaft durch und in sich selbst, wenn nicht Gott als der Rufende erkannt wird. Sucht und Sehnsucht gehören, auch wenn es jeweils entscheidende Abstufungen gibt, zum Leben – unentrinnbar. Denn auch die heilige Sehnsucht kennt Formen von Abhängigkeit; allerdings führt sie zur frei gewählten bzw. in Freiheit angenommenen Abhängigkeit von dem, was uns seit je bestimmt und verfügt.

Der Ruf nach Vereinigung

Die Irrwege der Sehnsucht entspringen im Kern religiöser Sehnsucht. Das kann nicht oft genug betont werden, liegt doch in dieser Erkenntnis auch die Einsicht, die Voraussetzung ist zur Befreiung.

In einigen ihrer heutigen Erscheinungsformen gilt dies auch für die Erwartungen, die an die Partnerliebe gerichtet werden: Befreiung aus den eigenen Grenzen, Verschmelzen mit dem Anderen, dem DU, allerdings im Hier und Jetzt[11]. Vom Gegenüber angenommen zu sein und in körperlicher Vereinigung Erfüllung zu finden, darin liegt eine Vorstufe von Erlösungserfahrung. Wer wollte leugnen, daß in erfüllter Partnerliebe eine religiöse Dimension durchscheint, sich Himmel und Erde berühren, und zwar völlig unabhängig von Alter, Stand, moralischen Vorstellungen und gesellschaftlichen sowie kirchlich respektierten Gewohnheiten.

»Es kommt zu einer Umwertung aller Werte. Die Liebe trägt die beiden über sich selbst hinaus in ein Land unbegrenzter Möglichkeiten. Momenthaft verschmelzen sie tatsächlich mit einer transzendenten Wirklichkeit, von der aus alles in einem neuen Licht erscheint. Die Liebeserfahrung, vor allem die erotisch-sexuelle, hat also tatsächlich religiösen Charakter ... Aber: Die Liebenden müssen sich bewußt bleiben, daß die ›Unio Mystica‹, die sie in der erotischen Ekstase erfahren, ein Aufleuchten ist, eine Vision oder Intuition, nicht schon die Vereinigung selbst ... Sie muß wieder aufgegeben, losgelassen werden, sonst verblaßt sie und zerrinnt uns unter unseren Händen. Die Liebe zwischen den Geschlechtern kann die Sehnsucht nach der umfassenden Vereinigung nicht stillen.«[12]

Hans Jellouschek nennt den entscheidenden Punkt: Auch die schönste Erfahrung muß ich wieder loslassen können, damit die in der Liebe erlebte Wirklichkeit nicht einer Verwechslung mit der Vision religiöser Erfahrung im transzendenten Sinne erliegt. Ohne diese Beschneidung könnte es nicht nur zu einer unzulässigen Grenzverwischung hinsichtlich des Göttlichen kommen, auch das Gegenüber, das DU der Vereinigung, verlöre seinen Eigenwert und seine Würde. Es stünde nicht für das, was es ist, sondern für die Sehnsucht nach etwas anderem. Und damit würde sie/er austauschbar, Objekt eines Sehnsuchtsdranges, der kurzfristige Befriedigung sucht und in der Folge auch in wechselnden Partnerschaften zu finden glaubt.

Verbannt in das Labyrinth

»Mach etwas aus Deinem Leben!« »Genieße die Abenteuer der Erlebnisgesellschaft!« »Abwechslung ist alles!«
Schnell beginnen die Abwechslungen sich zu wiederholen, schnell gerät der Abwechslungs- und Erlebnisdurst zur Gewöhnung, die Befriedigung nicht mehr zuläßt, ganz zu schweigen von Zufriedenheit. Erfüllung verliert ihre Fülle, da der Moment der Höhe immer nur den Übergang zum Griff nach weiterer Erfüllung darstellt. Tritt nicht Unerwartetes als Gnadengeschenk ins Leben, dreht das Gewohnheitskarussell sich stetig weiter. Wer sucht schon nach einem Ausgang, wenn sein vertrautes Lebensumfeld seit je das Labyrinth war?
Mit der Wiederholung, der letztendlichen Langeweile, der Leere und Perspektivlosigkeit des Lebens, tritt das ein, was die Alten, allen voran Thomas von Aquin, Acedia nannten:
Schwermut, Mutlosigkeit, seelische Verkümmerung und Abgespanntheit, träge Traurigkeit. Erscheint Acedia in ihrer (post)modernen Variante zuweilen auch äußerst geschäftig, hektisch und voller Unruhe, unterscheidet sie sich im Wesen doch nicht von ihrem mittelalterlichen Vorbild. Noch immer bzw. schon wieder beruht sie auf einer im Letzten selbstverschuldeten Unkenntnis und Trägheit zur Reflektion, wuchert sie auf dem Humus von Selbstblockade und Uneinsichtigkeit. Acedia ist die Rückseite der göttlichen Freiheit. Der Mensch will nicht sein, was er von Gott her wirklich ist. Acedia ist das dämonische Siegeszeichen der Blockade von Wahrheit mittels der Ausbeutung tiefster menschlicher Sehnsüchte[13].

3. Sehnsucht zielt auf das Ganze

»Wenn alle Nachbarn schlafen gangen
Und alle Fenster dunkel sind,
Bin ich noch wach mit heißen Wangen,
Das heimatlose Königskind.

Dann schmück ich mich mit Purpurträumen,
Mit Gürtel, Krone und Geschmeid,
Dann rauscht mit goldverbrämten Säumen
Um meine Knie das Königskleid.

Und meine Seele reckt sich mächtig;
In Lust und Sehnsucht, stark und bleich,
Und schafft sich stumm und mitternächtig
Ein mondbeglänztes Heimwehreich.«

(Hermann Hesse)

Wir leben auf Sehnsucht, wozu sonst?
Wir leben auf dieser Welt, sie wurde uns geschenkt und anvertraut, damit wir uns sehnen. Vielleicht ist sie auch deswegen etwas zu klein geraten, damit der Sehnsuchtsdrang des Menschen sich nicht im Rund des Erdballs erschöpft. Die Sehnsucht eint das Menschengeschlecht, sie bestimmt das Entstehen jeder Religion. Der Hunger des Herzens nach Gott ergreift die ganze Person, das ganze Wesen, unter Einbeziehung von Seele, Geist und Körper. Er führt den Menschen in ein fortwährendes Gebet, in den nicht verstummenden Ruf nach dem, von dem alles ist. Religion hat, in Religion lebt, wer das Unendliche und Heilige spürt, wem der Schauder der religiösen Erregung nicht fremd ist. Doch Sehnsucht wonach?

Uns fehlen die Worte, wenn wir von Gott sprechen wollen, weswegen wir immer wieder auf Hilfskonstruktionen zurückgreifen, die irgendwie der Vorstellung und Erfahrung zugänglich sind. Doch Gott und seine Offenbarung in Christus lassen sich nicht definieren. Das Transzendente entzieht sich der Eingrenzung, liegt jenseits aller Dogmen, aller Worte, aller Sakramente – was diese nicht abwertet, sie vielmehr nimmt als das, was sie sind: Wegweiser und Brücken zur Ahnung des Transzendenten. Im Hebräischen trägt Gott den Namen »elohim«, was übersetzt werden kann als die Einheit von all dem Vielen, das, was jederzeit alles enthält und nichts entbehrt[14].

Mit Gleichnissen versuchte Jesus seinen Zeitgenossen eine Ahnung von dem All-Einen zu vermitteln. Er sah keinen anderen Weg, als anzuknüpfen an den Erfahrungen und Vorstellungswelten der Menschen, solange ihre Sinne zum Verständnis der Geheimnisse des Himmelsreiches noch verstockt sind.

»Deshalb rede ich zu ihnen in Gleichnissen, weil sie sehen und doch nicht sehen, weil sie hören und doch nicht hören und nichts verstehen ... Denn das Herz dieses Volkes ist hart geworden, und mit ihren Ohren hören sie nur schwer, und ihre Augen halten sie geschlossen, damit sie mit ihren Augen nicht sehen und mit ihren Ohren nicht hören, damit sie mit ihrem Herzen nicht zur Einsicht kommen, damit sie sich nicht bekehren und ich sie nicht heile.« (Matthäus 13, 13/15)

In Gleichnissen sprach Jesus die Menschen an, um ihnen einen gedanklichen Zugang zum Sehnsuchtsraum des Göttlichen zu eröffnen. In Gleichnissen sprach er aber vielleicht auch, um die nicht Vorbereiteten vor den Folgen der direkten Schau des Göttlichen zu bewahren, über das Paulus in seinem Brief an die Hebräer schreibt:

»Unser Gott ist ein verzehrendes Feuer.« (12,29)

Wir sehen nicht, wir hören nicht, aber wir haben Ahnungen und sind ergriffen, berührt. Wir nennen das Sehnsuchtsziel Gott, göttliche Welt, Himmelreich ... und wissen doch nichts über das, was wir so nennen. Was ist das für ein Spiel?

Gottes Sehnsucht nach den Menschen

»Ich wäre zu erreichen gewesen für die, die nicht nach mir fragten, ich wäre zu finden gewesen für die, die nicht nach mir suchten. Ich sagte zu meinem Volk, das meinen Namen nicht anrief: Hier bin ich, hier bin ich.«
(Jesaja 65,1)

Rebbe Baruchs Enkel Jechiel kommt in Tränen aufgelöst in die Lehrstube des Meisters gerannt.
»Aber Jechiel, warum weinst du?«
»Mein Freund ist gemein! Er ist unfair! Er hat mich ganz allein gelassen, darum weine ich.«
»Willst du mir das nicht von Anfang an erzählen?«
»Ja, Großvater, wir spielten Verstecken. Ich mußte mich verstekken, und er war dran, mich zu suchen. Aber ich hatte mich so gut versteckt, daß er mich nicht finden konnte. Da hat er aufgegeben. Er hörte einfach auf, mich zu suchen, und das finde ich gemein!«
Da streichelt Rebbe Baruch das Gesicht des Jungen, und ihm selber steigen Tränen in die Augen.
»So ist es auch mit Gott, Jechiel«, flüstert er leise. »Stell dir seinen Schmerz vor. Er hat sich versteckt, und die Menschen suchen ihn nicht. Verstehst du, Jechiel? Gott versteckt sich, und die Menschen suchen ihn nicht einmal.«
(Nach Martin Buber)

Auch wenn die Menschen es nicht immer wahrhaben wollen und sich immer wieder abwenden: Das Verlangen nach Gott ist ihnen ins Herz gelegt, ist die in uns gelegte Lebenskraft, sind wir doch von Gott für Gott erschaffen[15]. Obwohl zeitliches Geschöpf, hebt uns das zugleich aus der Zeitlichkeit, ja läßt als sinnlos erscheinen, was nur auf das Zeitliche sich beschränkt, sich in ihm zufrieden gibt, ohne nach der Vereinigung mit dem Ewigen zu streben. Für Gott erschaffen zu sein, läßt uns erahnen, daß es neben der

Sehnsucht des Menschen nach Gott auch eine andere, am Anfang stehende Sehnsucht gibt: die Gottes nach den Menschen, oder wie Augustinus es formuliert: der Mensch sei die Sehnsucht Gottes, zu ihm hin geschaffen[16].
Die Existenz in der Zeitlichkeit ist Existenz im Exil, aus dem Gott uns ruft wie er Abraham aus Ägypten rief und das wir verlassen können, wenn wir loslassen, was hinter uns liegt – an Wundern und an Untaten. Gott ruft in eine neue Gegenwart, in ein unbekanntes, aber verheißenes Land. Er ruft uns aus der Fremde in eine Fremde, die zur Heimat wird. Doch Menschen sind behäbig, unsicher, trauen selten dem, was sie nicht fassen können. Und so hält Gott die Sehnsucht wach, indem er immer wieder ein wenig von sich zu erkennen gibt, ein wenig spüren läßt, um den Eifer des Suchenden am Leben zu halten. Und er führt uns Umwege, lockt uns in verschiedenen Wunschgegenständen, bis wir spüren, daß wir uns die ganze Zeit nach ihm gesehnt haben[17].

»Er macht jenseits von allem Begreifen seine Gegenwart deutlich, die über die geistigen Höhen seiner geheiligten Orte dahinschreitet.
Und dann befreit er sich von allem Sichtbaren und Sehenden und versinkt in das Dunkel, das in Wahrheit mystisch ist, alles Wißbare hinter sich lassend.«
(Dyonisios der Areopagite, frühes 6. Jahrhundert)[18]

Bei aller Selbstmitteilung, Gott läßt sich nicht greifen, nur ersehnen, bis tief hinein in die dunkle Nacht des Nichtwissens. Doch entscheidend ist, daß das Sehnen selbst ja bereits gottgewirkt ist und damit Gegenwart Gottes durch den Geist, Zeichen und Spur seiner Sehnsucht nach uns. Im Weg zu Gott liegt Gott schon immer verborgen. In der liebenden Hingabe wird die Liebe selbst aus dem Göttlichen geboren.
Und so bewegen sich im Sehnsuchtstrieb des Menschen beide Sehnsüchte, die Gottes nach den Menschen und die des Menschen

nach Gott aufeinander zu, ziehen sich gegenseitig an. Der Gott der Unendlichkeit wird zum Gott der Nähe – in dieser scheinbaren Paradoxie liegt das große heilige Geheimnis. Das Erscheinen von Jesus Christus auf der Erde gehört in diesen Geheimnisraum. Was anderes als Gottes Sehnsucht nach seinen Völkern spricht aus diesem Zeitenschnitt. Gott wird Mensch, gibt mehr von sich preis als je zuvor und schafft den Menschen eine Sehnsuchtsleiter, die direkt zu ihm führt. In einer Liedstrophe bringt der Texter das treffend zum Ausdruck:

»Der Hunger aller Zeiten ist gestillt.
Denn heut' vor unsren Augen unverhüllt,
die Sehnsucht unsrer Väter sich erfüllt:
Gott und Mensch an einem Tisch vereint.
...
Wir schauen Gottes volle Gegenwart,
die sich in dieser Stunde offenbart,
in Brot und Wein geheimnisvoll bewahrt:
Gott und Mensch an einem Tisch vereint.«[19]

Doch Gottes Selbstmitteilung erschöpft sich nicht in der Erscheinung Christi auf Erden. Gott ist maßlos, verschwenderisch in seinem Schöpfungswerk, vielfältig verborgen; und – er sendet die, die von ihm künden zu allen Völkern, verbindet die, die Sehnsucht tragen.

Ich kenne ihre Taten und ihre Gedanken und komme, um die Völker aller Sprachen zusammenzurufen, und sie werden kommen und meine Herrlichkeit sehen. Ich stelle ihnen ein Zeichen auf und schicke von ihnen einige, die entronnen sind, zu den übrigen Völkern ... und zu den fernen Inseln, die noch nichts von mir gehört und meine Herrlichkeit noch nicht gesehen haben. Sie sollen meine Herrlichkeit unter den Völkern verkünden.
(Jesaja 66, 18 f.)

Stern der Erlösung – Stern der Sehnsucht

In unvergleichlicher und universaler Weise symbolisiert das Hexagramm, der »Davidstern« das Ineinanderfließen der Sehnsucht Gottes und der Sehnsucht der Menschen je nacheinander.

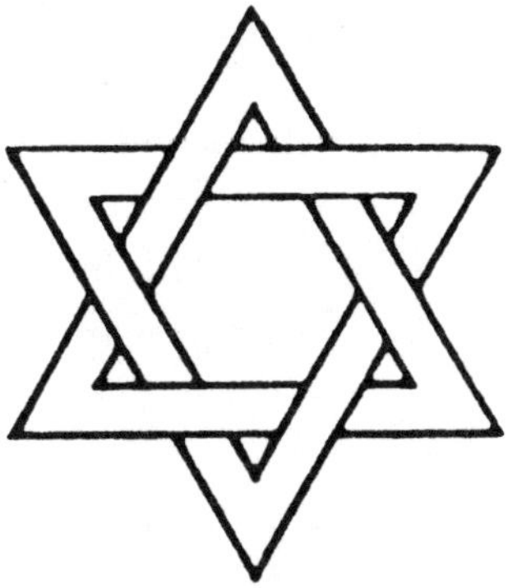

Gott gibt sich »von oben« in den Raum der Menschheit hinein, der Mensch streckt sich »von unten» hinauf zu dem Göttlichen. Als heiliges Zeichen für den Bund zwischen Gott und Mensch zierte der »Stern der Erlösung«, wie Franz Rosenzweig ihn nannte[20], die heilige Pforte des Tempels zu Jerusalem.

»Gott tritt aus seiner verborgenen Gottheit heraus, er senkt sich dem Menschen zu als Gott seiner Offenbarung, er durchdringt Mensch und Welt und erschließt sich als deren Tiefe; der Mensch wird aus seinem Verschlossensein in sich und seine Welt in das Leben mit Gott emporgehoben und wird in der Spitze seiner Existenz über die Offenbarung hinaus mit Gott selbst verbunden, er wandelt sich zum Menschen Gottes bzw. zum Volk Gottes.«[21]

Der Stern der Erlösung ist auch der *Stern der Sehnsucht*. Aus der paradiesischen Urvergangenheit steigt durch die Zeiten hindurch die Sehnsucht auf zum punktförmigen, zum erfüllten Ende, dem Übergang in die Ewigkeit. Unmittelbarkeit zu Gott und dem Ewigen aber stellt sich schon im Jetzt her, in der Fülle der

Gegenwart, dem Moment aller Verdichtung der geistigen Kräfte, dem Augenblick, in dem das Göttliche aus der Ewigkeit sich bis tief hinunter in das Menschsein ergießt. Gottes Gegenwart offenbart sich im Geist, denn »Gott ist Geist«, wie wir es bei Johannes (4,24) lesen. Der Geist befreit, er führt in die heilige Sehnsucht, in die Berührung mit dem Göttlichen. Der Geist konfrontiert uns aber auch mit der unweigerlichen Spannung zwischen dem *schon jetzt* und *noch nicht*, mit der Einsicht in die Differenz zwischen dem ergriffenen Zipfel vom Ewigen und dem Verbleiben in dieser Welt. Auch diesen Seinszustand verdeutlicht der Stern der Sehnsucht. Wohl sind Göttliches und Menschliches durchwoben, erfährt der Mensch durch sein Streben und durch Gottes Zuwendung Aufhebung von Entfremdung, Aufhebung des Verlorenheitsgefühls innerhalb der Schöpfung. Doch Zeit seines Erdenlebens bleibt er Erdenbürger, Gottes Erdenkind, fest gegründet auf irdischem Boden. Mag der Himmel auch immer wieder die Erde berühren, Bewährung erfährt die Gotteskindschaft im Einklang von Gottessehnsucht, Liebe und Dienst an Gottes schöner Schöpfung *hier*, alles Leben eingeschlossen – und die *ganze* Schöpfung lebt.

In solchem Einklang, solcher Lebensnähe schließlich schwingt schon jetzt Erlösung mit, zeigt der Stern der Sehnsucht seine Seite als Stern der Erlösung. Erlösung wird gegenwärtig als Antwort auf unsere Sehnsucht, im Gespräch mit unserer Liebe.

Hoffnung – die Tugend der Sehnsucht

Die geistbestimmte Sehnsucht und der geistbestimmte Erlösungsdrang schließen Festhalten, woran es auch sei, aus. Wo Altes die Flamme der Sehnsucht nicht mehr am Brennen und schon gar nicht neu entfachen kann, da stirbt es, da wächst unweigerlich Neues und aufersteht Altes zum neuen, gewandelten Leben. Nicht zuletzt alle religiösen Vorstellungen und (kirchlichen) Strukturen sind davon betroffen.

Das Fundament dieser durch die Sehnsucht vorangetriebenen Wandlungs- und Wachstumsprozesse heißt *Hoffnung*. Hoffnung lautet die Antwort auf die Existenzsituation des Menschen zwischen *schon jetzt* und *noch nicht*. Hoffnung und Sehnsucht – sie sind wesenseins, oft gar ununterscheidbar. Wie in der Sehnsucht manifestiert sich in der Hoffnung eine Urerwartung und Urbewegung des Menschen. Die Hoffnung schenkt der Sehnsucht die vertrauende Erwartung und damit wiederum das Durchhaltevermögen auch in trockener Zeit.

»Einüben in die Hoffnung

Ein Boot in der Lagune. Ein alter Fischer – er steht am Bug, das Wurfnetz in den Händen. Seit einer halben Stunde sehe ich ihm zu. Er versteht sein Handwerk.
In vollendetem Kreis fällt das Netz in das Wasser. Er läßt es sinken. Wartet, bis der bleischwere Rand den Boden berührt. Dann zieht er es hoch, behutsam, mit hoffenden Händen spürend, ob Leben im Netz ist oder ob der Wurf wieder einmal umsonst war.
Das Netz ist leer. Er schüttelt es aus, entfernt den Unrat, bereitet sich zum nächsten Wurf. Ich habe die Würfe gezählt: Dreiundzwanzigmal ist das Netz auf das Wasser geklatscht. Jedesmal zog er es leer heraus.
Der alte Fischer weiß: Es gibt Tage, da muß man das Netz werfen wider besseren Wissens: zwanzigmal, fünfzigmal, hundertmal – weil es nötig ist, das Netz zu werfen – als Einübung in die Praxis der Hoffnung – weil nicht werfen aufgeben hieße – und aufgeben hieße aufhören zu leben.
Ich danke dir, alter Fischer. Deine Arbeit war nicht umsonst. Praxis der Hoffnung: Gerade das mußte mir heute ein Mensch sagen.«[22]
(Lindolfo Weingärtner, Brasilien)

Von Paulus kennen wir die Aussage, wir seien gerettet, doch in der Hoffnung: *Hoffnung aber, die man schon erfüllt sieht, ist keine Hoffnung. Wie kann man auf etwas hoffen, das man sieht? Hoffen wir aber auf das, was wir nicht sehen, dann harren wir aus in Geduld.* (Römer 8, 24f.)
Hoffen auf das, was man nicht sieht! Rettung liegt in dem Vertrauen auf das Unsichtbare, zu dem uns die Sehnsucht zieht. Thomas, einer der Zwölfe um Jesus, erhielt den Beinamen »der Ungläubige«, der Zweifler, weil er sich mit genau diesem Unsichtbaren – obwohl in der nahen Präsenz des Göttlichen durch den Auferstandenen lebend – nicht zufriedengab.
Wenn ich nicht die Male der Nägel an seinen Händen sehe, und wenn ich meinen Finger nicht in die Male der Nägel und meine Hand nicht in seine Seite lege, glaube ich nicht. (Johannes 20,25)

Die Botschaft von Jesus an ihn und alle, die das Evangelium hören:
Selig sind, die nicht sehen und doch glauben. (Johannes 20,29)
Sie werden alles erhalten, um den Weg der Sehnsucht im hoffenden Sein weiterzugehen. So wie Jesaja es bereits prophezeit hatte:
Die aber, die dem Herrn vertrauen, schöpfen neue Kraft, sie bekommen Flügel wie Adler, sie laufen und werden nicht müde, sie gehen und werden nicht matt. (40,31)
Auf Hoffnung und Vertrauen gegründete Sehnsucht wird zum Sprengstoff gegen alle Entbehrung, gegen die Ketten eines Daseins, das in unzähligen Abhängigkeiten und Nöten verhält. Die Brücken der Hoffnung führen in das Abenteuer des Zukünftigen und Kommenden.

4. Orte der Sehnsucht

»Ich weiß, ach, was der gefangene Vogel fühlt!
Wenn die Sonne leuchtend auf den Berghängen liegt,
Wenn der Wind sanft durch das sprießende Gras streicht
Und der Fluß wie ein gläserner Strom dahinfließt,
Wenn der erste Vogel singt und sich die erste Knospe öffnet
Und der zarte Duft sich aus ihrem Kelche stiehlt –
Weiß ich, was der gefangene Vogel fühlt!«

(Paul Laurence Dunbar)[23]

»Der Himmel ist nicht ›oben‹ ... Im geistlichen Bereich ist der Himmel ebensogut oben wie unten, vorn oder hinten, links oder rechts. Der Zugang zum Himmel ist die Sehnsucht. Wer sich sehnt, im Himmel zu sein, ist geistigerweise bereits dort. Wir laufen nicht mit unseren Füßen zum Himmel, sondern mit unserem Verlangen.«[24]

Im 14. Jahrhundert schrieb der Autor der »Wolke des Nichtwissens« diese Sätze. Er verstärkte sie noch dadurch, daß er auch Ritual, äußere Haltung und Gebärde dem Nachrangigen zuordnete. Und zweifellos: Die heilige Sehnsucht zieht weit hinaus über jede Form von Ritus und jede Richtungsangabe. Sie kann sich nicht kreisend aufhalten in geistverschlossenen Festschreibungen und Gebräuchen.

Die Einsicht aber, sich nicht einrichtend aufzuhalten, schließt die Form und ihre Bedeutung nicht an sich aus. Ja es muß betont werden, daß zu der Lebenshaltung *Sehnsucht* das Ritual gehört – als Hinführung und Einübung, als Bereitung von Geist und Leib, als symbolische und wirkliche Reinigung unserer Seele vor Gott, als Erinnerung an unseren Sehnsuchts-Auftrag.

Wir würden auch hinsichtlich des hinter aller Sehnsucht stehenden Göttlichen über das Ziel hinausschießen, verlören wir die göttliche

Paradoxie, die Einheit von Transzendenz und Immanenz, dem In-der-Welt-Sein aus den Augen. »Heilig« nennen wir das, worin für uns das Göttliche durchscheint. Das Heilige vermittelt etwas von der Transzendenz des Göttlichen im Irdischen, ist gleichsam transparent auf das Göttliche hin. In ihm schimmert etwas vom ewigen Licht durch, wird der Atem des Numinosen spürbar. Aus dem Heiligen spricht die Gegenwart des Göttlichen. Das Heilige macht uns die Trennung vom Göttlichen schmerzhaft und verlokkend zugleich bewußt. Wer den Schimmer des Absoluten in mehr und mehr Wirklichkeiten wahrnehmen kann, der lebt nahe am göttlichen Bereich, der steht in stetiger Berührung mit ihm, der sieht den Schöpfer durch die Schöpfungswirklichkeit hindurch. Wie das Göttliche als erster und letzter Grund des Lebens und des Seins, so ist auch das Heilige allgegenwärtig. Gleichwohl verdichtet es sich an bestimmten, an besonderen Orten, zu bestimmten und besonderen Gegebenheiten und Zeiten, in bestimmten Personen[25].

Heiliges bedarf nicht der spektakulären Gestalt, nicht der aufsehenerregenden Geste. Gott trat Moses im Dornbusch gegenüber, sprach durch Pflanzen, Tiere und Menschen zu Franziskus; beide nahmen diese Selbstmitteilungen Gottes ernst und sie nahmen sie in sich auf und erfuhren dadurch selbst Heiligung, *Heilung*. Heiliges scheint wie von Gott berührt, von ihm durchdrungen. Es gibt Zeichen von der Sehnsucht Gottes nach dem Leben, nicht nur des Menschlichen. Denn auch Tiere nehmen diesen Hauch des Besonderen wahr, auch Pflanzen wachsen – selbst entgegen naturgesetzlichen Wahrscheinlichkeiten – in voller Pracht am besonderen Ort.

Orte des Heiligen

Témenos nannten die Bewohner des antiken Griechenlands solche heiligen Orte; Orte, an denen eine Gottheit zu Hause ist, sich Göttliches ereignet hat. Auf der Anhöhe der Akropolis pflanzte

Athene den ersten Ölbaum, Zeus wurde am Fuß des Dikte-Berges geboren, Apollon tötete in Delphi den Drachen...[26]

Témena gab und gibt es in allen Kulturen. Es sind Orte, die durch vergangenes oder gegenwärtiges Geschehen heilige Kraft annehmen, die für den bereiteten Menschen schon aus der Entfernung, schon in der Annäherung spürbar wird, ihn in ihren Bann zieht, mag er das Besondere auch nicht benennen können. Orte des Heiligen mögen für manche Menschen oder Menschengruppen aber auch Orte sein – Kapellen, Klöster, Bäume, Landschaften –, an denen ihnen persönlich eine besondere Gnade zuteil wurde.

Mit Orten verbunden ist schließlich das biblische Geschehen, in dem Göttliches und Mensch sich begegneten, sich Gnadenerweise Gottes an den Menschen ereigneten. An der Orakeleiche, der Stätte von Sichem, wo Gott Abraham erschienen war, baute dieser einen Altar, zu dem er sich nach der Rückkehr aus Ägypten wieder begab, um zu beten. (Genesis 12,8; 13,4) Über die Stelle, an dem Gott ihm erschienen war und die Himmelsleiter errichtet hatte, sprach Jakob:

Wie ehrfurchtgebietend ist doch dieser Ort! Hier ist nichts anderes als das Haus Gottes und das Tor des Himmels. (Genesis 28,17) Und er stand früh am Morgen auf, nahm den Stein, den er unter seinen Kopf gelegt hatte, stellte ihn als Steinmal auf und goß Öl darauf. (Genesis 28,18)

Gott erwählte den Berg Sinai, um Moses das Gesetz zu geben (Exodus 24,12), und er bestimmte den Berg Horeb, auf dem er Elias erschien (1 Könige 19,8)[27].

Auch das Leben Jesu kann von den Stätten seines Wirkens nicht getrennt werden. Und wie unvergleichlich ist noch heute die Ausstrahlung Jerusalems – unberührt von den je politischen Aktualitäten und Auseinandersetzungen; die Aura der heiligen Stadt erstreckt sich auf den gesamten abrahamitischen Kulturhorizont, Juden, Moslems und Christen betreffend.

Das Heilige, das sich an besonderen Orten zeigt, zieht unsere Sehnsucht an, hält sie wach, verstärkt sie. Darin liegt allerdings auch eine Gefahr, nämlich in ihm das Eigentliche zu sehen und in der Zuwendung zu ihm zu verharren, sich von seinem Glanz verzaubern zu lassen und dabei zu vergessen, daß dieser Glanz zwar Ausdruck des Göttlichen, aber nicht das umfassende Göttliche selbst ist. Auf dem Weg der heiligen Sehnsucht kommen wir an Stationen der Verdichtung des Göttlichen vorbei. Sie zeigen uns, daß die Richtung stimmt, doch der Weg geht weiter.

Orte der Erinnerung

Die meisten Menschen, so sie aufnahmebereit sind, erhalten Kunde von den Orten der Sehnsucht, von den heiligen Begebenheiten, durch das Wort – nicht nur das Geschriebene, nicht nur durch Offenbarungstexte und die heilige Schrift sondern auch durch die Tradition und die Kunst der Erzählung. In der Erzählung, die sich mit bunten und tiefen Sprachbildern dem Göttlichen zu nähern vermag, ruht eine sonderbare Kraft. Nicht nur bei Kindern vermag sie einen heiligen Schauer über das erahnte unglaubliche Geheimnis zu bewirken. Sie kann Türen öffnen in Vorstellungswelten, in denen wenig sichtbar, doch alles spürbar ist. Die kunstvolle und authentische Erzählung berührt die Seele, weckt die Sehnsucht, schafft Empfindsamkeit und Wachheit gegenüber dem Hauch des Göttlichen im Heiligen. Das Erzählen, es steht aber noch für mehr. Es hält den durch die Jahrhunderte sich ziehenden goldenen Faden der Erinnerung in der Hand, berichtet von den Ereignissen und Orten, an denen Berührung mit dem Göttlichen sich ergeben hat, gibt Antwort auf die Frage, woher wir kommen und wohin wir sollen. In der Erzählung leuchtet der Weisheitsschatz der Menschheit in verspielter Form auf; in der Erzählung blicken wir über die Grenzen unseres Exils hinaus. Von Israel ben Eliezer Ba'al Shem Tov (1700-1760) stammt der Satz, der über dem Eingangstor von Yad Vashem, der Holocaust-Gedenkstätte in Jerusalem, steht.

»Das Vergessen-Wollen verlängert das Exil,
und das Geheimnis der Erlösung heißt Erinnerung.«

Mit dem Aussterben der Erzählung und des Erzählens – wann war diese Einsicht wichtiger als im elektronischen Zeitalter – stirbt die Erinnerung, reißt der Faden zu unserer eigenen Geschichte, verschwimmt die Sehnsucht nach Befreiung.

Ähnlich der Erzählung vermag auch Kunst die Erfahrung der Verdichtung des Göttlichen in der Materie zu vermitteln; und zwar sowohl in der künstlerischen Arbeit selbst wic auch in der Rezeption des Kunstwerks. Im Augenblick tiefster Wahrnehmung erschüttert das Kunstwerk – ob Bild, ob Musik, ob darstellende Kunst – den Rezipierenden, zieht ihn seine Aura ganz in ihren Bann, scheint durch das Vordergründige etwas Un-begreif-bares hindurch, das Alltägliche unendlich hinter sich lassend.

Das Wort und die Kunst, sie vermögen der Sehnsucht nicht nur Ausdruck zu geben; wie Sterne können sie vom Himmel fallen und die Suche der Sehnsüchtigen erleuchten. Kurz nur wird der Blick frei auf das Numinose, doch der Augenblick brennt sich ein.

5. Sehnsucht verwundet und befreit

»Die Seele liebt auf tausenderlei Arten ... ihre Sehnsucht plagt sie zu jeder Zeit und an allen Orten, in nichts findet sie Ruhe ... Alles wird der Seele zu eng, sie hält es in sich selbst nicht mehr aus, ihre Sehnsüchte übergreifen Himmel und Erde, ihre Schmerzen füllen sie bis zur Dunkelheit ... Und doch spürt die Seele mitten in diesem Leiden aus Finsternis und aus Liebe eine gewisse Gegenwart und Mächtigkeit in ihrem Innern, die sie begleiten und stärken, während, wenn die Last des Kummers und Dunkels weggehoben wird, sie sich manchmal allein, leer und schwach fühlt.«
(Johannes vom Kreuz)[28]
Die Seele leidet an der heiligen Sehnsucht. Sie leidet, weil die Gottesliebe nicht nur erfüllt sondern auch verwundet. Sie leidet, weil sie immer wieder spüren muß, daß sie selbst Hindernis für das »Weiterkommen« ist und sich trotz dieses Spürens die Sehnsucht noch verstärkt. Doch sie bewahrt Geduld, sucht den Trost nicht anderswo, wohl wissend, daß die Sehnsucht und Gottesliebe selbst schon Teil der ersehnten Vereinigung sind. Die heilige Sehnsucht fordert ganz, denn es geht um das Ganze:
Du sollst den Herrn deinen Gott lieben mit ganzem Herzen, mit ganzer Seele, mit ganzer Kraft. (Deuteronomium 6,5)
In der Sehnsucht zu leben, schließt Selbstzufriedenheit aus. Ich weiß, daß ich Gott nicht erjagen kann, nicht einmal mich selbst. Ich weiß, daß alles in seiner Hand liegt, ich mich aber wachhalten kann und bereiten muß.
Der Sehnsuchtsweg macht angreifbar und verwundbar, zumal inmitten einer Gesellschaft, deren Blick sich auf anderes richtet als das Göttliche. Er schenkt jedoch gegenüber den unzähligen Regungen der Welt auch Klarheit und Stärke, wurzelnd im Blick für das Wesentliche. So führt die heilige Sehnsucht in die Einfachheit. Ich brauche mich nicht zu vergleichen, größer und

kleiner sind keine Kategorien, Erfolg und Mißerfolg ein Windhauch. Dag Hammarskjöld schrieb am 4.8.1959 in sein Tagebuch:

»Einfachheit heißt, die Wirklichkeit nicht in Beziehung auf uns zu erleben, sondern in ihrer heiligen Unabhängigkeit. Einfachheit heißt sehen, urteilen und handeln von dem Punkt her, in welchem wir in uns selber ruhen. Wie vieles fällt da weg! Und wie fällt alles andere in die rechte Lage!
Im Zentrum unseres Wesens ruhend, begegnen wir einer Welt, in der alles auf gleiche Art in sich ruht. Dadurch wird der Baum zu einem Mysterium, die Wolke zu einer Offenbarung und der Mensch zu einem Kosmos, dessen Reichtum wir nur in Bruchteilen erfassen.«[29]

Solche Einfachheit birgt in sich grenzenlose Fülle. Vergessen sind die Grabkammern des Egoismus und der Habgier, der Anfälligkeit für die Acedia, der Erstarrung in Kadavergehorsam gegenüber den Mächten dieser Welt. Einfachheit im Sehnsuchtsdrang befreit zu Gott, schafft dem Wesentlichen Raum. Und sie wirkt als Gegengift gegen die selbstzerstörerischen Irrwege der Sehnsucht, die in Todessehnsucht enden. Diese Einfachheit ist – wie die heilige Sehnsucht selbst – Gnade, nichts als Gnade; eine Gnade, der wir unweigerlich folgen müssen, wohin sie auch führen mag. Und sie hält durch den Blick auf das Wesentliche im Sehnsuchtsraum, hält uns in der Treue, hält uns in der Erinnerung, für wen wir gehen. Martin Buber erzählt die Geschichte des Rabbi Naftali, der der Notwendigkeit des Erinnerns erinnert wurde[30].

»In Ropschitz, Rabbi Naftalis Stadt, pflegten die Reichen, deren Häuser einsam oder am Ende des Ortes lagen, Leute zu dingen, die nachts über ihren Besitz wachen sollten. Als Rabbi Naftali sich eines Abends spät am Rande des Waldes erging, der die Stadt säumte, begegnete er solch einem auf und nieder wandelnden Wächter. ›Für wen gehst du?‹ fragte er ihn. Der gab Bescheid, fügte aber die Gegenfrage daran: ›Und für wen geht Ihr, Rabbi?‹ Das Wort traf den Zaddik wie ein Pfeil. ›Noch gehe ich für niemand‹, brachte er mühsam hervor, dann schritt er lange schweigend neben dem Mann auf und nieder. ›Willst du mein Diener werden?‹ fragte er endlich. ›Das will ich gern‹, antwortete jener, ›aber was habe ich zu tun?‹ ›Mich zu erinnern‹, sagte Rabbi Naftali.«

Die Flamme entfachen

»Dein Ruf ›O Gott‹ ist mein Ruf ›Ich bin hier!‹
Dein Schmerz und Flehn ist Botschaft doch von Mir,
Und all dein Streben, um Mich zu erreichen,
Daß ich zu Mir dich ziehe, ist's ein Zeichen!
Dein Liebesschmerz ist Meine Huld für dich! –
Im Ruf ›O Gott!‹ sind hundert ›Hier bin Ich!‹«

(Dschalaluddin Rumi)[31]

Die Sehnsucht nach Gott ist ein Geschenk Gottes, der sich nach denen sehnt, die ihn ersehnen. Aber es liegt an uns, das weitere zu tun und die Sehnsucht zu vertiefen. Das Haus des Göttlichen ist da, für die Suchenden bereitet. Doch sie müssen sich zunächst auf den Weg machen, genau wie der verlorene Sohn sich zunächst entscheiden mußte, die ersten Schritte eigenständig zu gehen – dann aber eilte ihm der Vater, der ihn schon von weitem kommen sah, entgegen. (Lukas 15,11-24) Doch eines unterscheidet bei vieler Verwandtschaft den Heimweg des Sohnes vom Sehnsuchtsweg. Auch der Sehnsüchtige geht los, aber er kommt nicht an. Er hat Heimatträume, aber als einzige wahre Heimat nimmt er seinen Sehnsuchtsraum wahr; eine Heimat, die landläufig keine ist, denn in ihr gibt es kein Verweilen, allenfalls die Erfahrung der Verdichtung von Gottes Präsenz.

»Behalt das Herz des Wandrers.
Schütze deine Sehnsucht.

Laß selbst Schönheit,
wenn sie festhält.

Schlaf nicht zu lang
in gesicherten Wänden.
Haus hab als Zelt.

Behalt das Herz des Wandrers!
Niste nur ein als Zugvogel,
sehnsüchtig nach anderem Land.«

(Gisela Dreher Richels)[32]

Wo sollte, im Unendlichen, auch letzter Platz sein?
Es sei denn, Geschichte würde sich erfüllen, die Wiederkunft, wie Christen es glauben, sich ereignen.
Der christliche Glaube, diesbezüglich am Klarsten ausgedrückt in den Briefen des Paulus, nährte ja den Gutteil seiner historischen Konstanz aus der Erwartung der Wiederkehr Christi, der Parusie-Erwartung. Fest steht aber auch hier – und damit schließt sich der Sehnsuchtskreis: Es gibt einen untrennbaren Zusammenhang zwischen der heiligen Sehnsucht, der Parusie-Erwartung und der Parusie selbst. Die Wiederkehr des Göttlichen in Christus wird sich nur ereignen, wenn sie wahrhaftig ersehnt wird, wenn der geistige Raum der Menschheit angefüllt ist mit dieser Sehnsucht. Wenden wir uns nicht der deprimierenden Frage zu, wo diese Erwartung noch lebt, wo diese Sehnsuchtsflamme noch brennt, ja ob wir überhaupt noch etwas erwarten. Jede Stunde kann alles neu beginnen, jedes Licht kann unendlich viele Schatten vertreiben. Wir müssen nur verstehen und spüren, daß der Zugang zum Himmel, auch was die Parusie betrifft, Sehnsucht heißt.

»Wir müssen die Flamme entfachen, mag es kosten, was es will. Um jeden Preis müssen wir in uns selbst die Sehnsucht und die Hoffnung auf die große Ankunft erneuern.«[33]

Vor unseren grenzenlosen Sehnsüchten wirkt alles, was wir tun, klein. Doch dieser Kleinheit haftet kein Makel an. In dem auch kleinsten Sehnsuchtsschritt entfalten sich Kräfte, die wir sonst nie gesehen hätten.

»Aus unendlichen Sehnsüchten steigen
endliche Taten wie schwache Fontänen,
die sich zeitig und zitternd neigen.
Aber, die sich uns sonst verschweigen,
unsere fröhlichen Kräfte – zeigen
sich in diesen tanzenden Tränen.«

(Rainer Maria Rilke)

II
Kairos

Sei wachsam, denn die Stunde ist nahe

❖

Zeit prägt unser Leben. Wir denken, fühlen, handeln, erleben in zeitlichen Abläufen. Zeit bedrängt uns, Zeit befreit uns, in zeitlichen Dimensionen denken wir Erwartungen und Hoffnungen. Selbst unser Unendlichkeitsstreben, unser Sehnsuchtsdrang, liegt auf der Linie der Zeit. Zeit begrenzt die irdische Existenz. Alles Wollende, alles Wohin und alles Woher stehen in zeitlicher Herausforderung. Was aber ist *Zeit*?

Es scheint zum Wesen des Menschen zu gehören, von sich ausgehend Welt zu betrachten. Mensch konstruiert mit sich als Ausgangswahrnehmung, was außerhalb seiner selbst liegt: Umwelt. Und so scheidet er Vergangenes von Gegenwärtigem und Zukünftigem. Auf diese drei Zeiten verteilt er sein ganzes Weltbild. Doch darf man von drei Zeiten reden? Aurelius Augustinus warf in seinen »Bekenntnissen« diese Frage auf, und er stellte in Abrede, daß es Vergangenheit, Gegenwart und Zukunft gebe. Vielmehr könnten die drei Zeiten nur als verschiedene Weisen des Erlebens von Gegenwart gesehen werden: Gegenwart des Gegenwärtigen, Gegenwart des Vergangenen und Gegenwart des Zukünftigen.

»Denn diese drei sind in der Seele, und anderswo sehe ich sie nicht. Gegenwart des Vergangenen ist die Erinnerung, Gegenwart des Gegenwärtigen die Anschauung, Gegenwart des Zukünftigen die Erwartung.«[1]

Und so sei auch nicht zukünftige Zeit lang, denn sie sei ja nicht, sondern lange Zukunft sei nichts anderes als lange Erwartung der Zukunft, genau wie vergangene Zeit nicht lang sei, sondern lediglich lange Erinnerung an das Vergangene[2]. »Törichtes Reden« waren für Augustinus die Fragen nach dem Beginn der Schöpfung und danach, was Gott tat, ehe er Himmel und Erde schuf. Denn Gott sei jenseits, vor und nach allen Zeiten, ewiger als »Ewigkeiten«, zeitüberlegen.

Ehe die Berge geboren wurden, die Erde entstand und das Weltall, bist du, o Gott, von Ewigkeit zu Ewigkeit ... Tausend Jahre sind für dich wie der Tag, der gestern vergangen ist, wie eine Wache in der Nacht.« (Psalm 90,2/4)

Augustinus, diese Urerscheinung menschlicher Sehnsucht, richtete denn auch sein ganzes Sehnen nach der Vereinigung mit Gott im Ewigen als einer »Zeit«, nicht solcher Art, die kommen wird und wieder geht, sondern die »wahrhaft vorne ist ... wo ich ... deine Wonne schaue, die nicht kommt und nicht vergeht.«[3]

Bis dahin jedoch, sieht auch er sich »zerflossen in den Zeiten«, deren Ordnung ihm unbekannt ist, gibt sich »törichten« Fragen hin, die so töricht nicht sind. Denn die Fragen nach der Zeit, nach dem Ursprung und dem Kommenden konfrontieren uns mit unseren Grenzen. Als wahrhafte Grenzfragen bringen sie uns im Denken in Berührung mit dem Absoluten, eröffnen sie uns den Unendlichkeitsraum, ja drängen uns hinein. Das jenseits aller Zeit in der Sehnsuchtstiefe liegende wird durch die Wahrnehmung der begrenzten Zeiten erst bewußt. Aus dieser Wahrnehmung entspringen alle Ursprungs- und Zukunftsfragen. Wenn wir Sehnsucht »denken«, in Sehnsucht leben, denken wir immer auch in Kategorien der Zeit, und sei es gerade dadurch, daß wir versuchen, über sie hinauszudenken, uns von ihr zu lösen, in Ewigkeit hinein. Und wir denken *in* der Zeit, erschließen uns alles weitere, hoffen auf alles weitere, erinnern uns alles Vergangenen aus gegenwärtiger Zeit heraus. Mag auch, in menschlichen Begriffen und Vorstellungen, das uns Übersteigende nicht faßbar sein, mag es auch ganz anders sein; schon allein durch unsere irdische Vergänglichkeit stehen wir in der Zeit. Das macht Zeit zu einer existentiellen und transzendentalen Kategorie zugleich. Wie können wir diese Kategorie füllen, wie mit ihr umgehen?

1. Chronos, Aion, *Kairos* – Dimensionen der Zeit

Grundlegende Orientierung bietet das antike hellenistische Zeitverständnis, das im wesentlichen drei Erscheinungsformen der Zeit unterschied: Chronos, Aion und *Kairos.* In diesen Formen wird die für uns so geläufige Zeiteinteilung in Vergangenheit, Gegenwart und Zukunft integriert und zugleich aufgehoben.

Chronos bezeichnet den fortlaufenden Fluß der Zeit, steht für die Zeit, die, bestimmt durch den Lauf der Gestirne, sich wiederholt, meßbar ist und in Sekunde, Stunde, Tag, Monat und Jahr ausgedrückt werden kann. Chronos verdeutlicht den quantitativen Zugang zur Zeit, vermittelt durch unsere Erfahrungsbeziehung zur Natur und sinnbildlich verkörpert im Chronometer, der Uhr.

Aion meint eine Zeitdauer, eine Zeitstrecke, begrenzt oder unbegrenzt, sich entweder auf einen historischen Abschnitt, eine Epoche oder auch die Ewigkeit beziehend. Der Aion kann nicht chronometrisch gestückelt werden, bei ihm geht es um die Zeitstruktur als Ganzer. Im urchristlichen und neutestamentlichen Kontext war mit Aion eine Zeitvorstellung verbunden, die dreierlei umfaßt:

»1. die Zeit in ihrer ganzen unendlichen Ausdehnung, die nach vorwärts und nach rückwärts unbegrenzt und insofern *Ewigkeit* ist,

2. die begrenzte Zeit, die zwischen Schöpfung und Endgeschehen liegt, also mit dem *gegenwärtigen, diesem* Aion identisch ist,

3. die nach der einen Richtung begrenzten, nach der andern unbegrenzten Teilstrecken, und zwar a) die vor der Schöpfung liegende, die nach der Seite der Schöpfung zu ein Ende, also eine Grenze hat, dagegen nach rückwärts unbegrenzt, unendlich und nur in diesem Sinne ewig ist; von ihr ist nur selten die Rede, sozusagen nur am Rande des Neuen Testaments; b) die über das Ende des gegenwärtigen Aions hinausragende, die also im sogenannten Endgeschehen ihren Anfang, also eine Grenze hat, da-

gegen nach vorwärts unbegrenzt, unendlich, und nur in diesem Sinne ewig ist.«[4]

Zu der zeitlichen Erstreckung im Aion und der quantitativen Meßbarkeit im Chronos gesellt sich als dritter Zeitbegriff der *Kairos*[5]. Er drückt qualitative Zeit aus, ein inhalts- und bedeutungsvolles Moment. Der *Kairos* verweist auf die besondere Zeit, die besondere Begebenheit, den rechten Ort, den günstigen Augenblick. Einzigartige Anforderungen und Ereignisse sind mit dem *Kairos* verbunden, wesentliche Zeitpunkte, als Höhe-, Tief- oder Wendepunkte erfahrbar. Sie stellen in die Herausforderung, in einer positiv oder negativ erlebten kritischen Situation die richtige Entscheidung zu fällen. *Kairoi* liegen auf der Achse eines Aions, sind nicht vom Menschen verursacht, aber auf ihn bezogen, von Gott bestimmt.

Rechter Ort, rechte Stunde, rechte Entscheidung ... im *Kairos* fallen räumlich/örtliche, zeitliche und sachlich/inhaltliche Bedeutung zusammen. Der *Kairos* konfrontiert sachlich, temporal und lokal entscheidungsbezogen mit unserem Sein in der Geschichte.

Im *Kairos* ruht schicksalhafte Qualität, ihn zu erkennen erfordert intuitiven und a-rationalen Zugang. In ihm verbirgt sich unentrinnbar ein entscheidendes Geschichtsmoment, er bestimmt die Sinndeutung des Gegenwartshandelns. Der *Kairos* kann erfahren werden als mystischer Augenblick, der im existentiellen und/oder spirituellen Sinne über sein oder Nicht-Sein entscheidet, in dem das schlechthin Bedeutungsvolle sich zu erfüllen vermag und der mit entsprechender Verantwortung verbunden ist, der Verantwortung nämlich, im rechten Augenblick, am rechten Ort das Richtige auch zu tun – im Vertrauen auf die Fügung des »Schicksals«.

Im *Kairos* vermögen andere Zeiten sich zu entscheidenden Wendepunkten zu verdichten, und so können wir ihn trotz seiner Zeitlichkeit auch verstehen als eine die Zeit transzendierende, überzeitliche Rechtzeitigkeit[6].

Der Kairos in antiker und frühchristlicher Deutung

Im antiken Griechenland hatte der *Kairos* göttlichen Rang. Als Gottheit wurde sein Bild häufig in Ringschulen aufgestellt und ein ihm gewidmeter Altar stand am Stadioneingang von Olympia. Wettkampf und Krieg waren dann auch die bedeutendsten Wirkungssphären dieser Gottheit des rechten Moments. Berühmtheit erlangte eine Bronzestatue des Lysippos aus dem vierten vorchristlichen Jahrhundert, die sich zunächst in Sikyon, später in Konstantinopel befand. Der Künstler stellte den Gott als dahineilenden jungen Mann mit Flügelschuhen, Stirnlocke und kahlem Hinterkopf dar – als Versinnbildlichung für die Gelegenheit, die beim Schopfe zu packen, bevor sie wieder enteilt ist. In anderen Darstellungen schleicht *Kairos* sich an Menschen heran, ein Messer in der rechten Hand. Wer ihn verfehlt, gilt als verloren. Eine wichtige Rolle im griechischen *Kairos*-Verständnis spielt die Zahl 7. Wie Aristoteles (384-322 v.Chr.) berichtet[7], wurde zeitweise *Kairos* mit der Siebenheit gleichgesetzt – ein Gedanke übrigens, der in gnostischen und jüdisch-christlichen Geheimlehren bis in die Romantik weiterlebte. Die Siebenheit steht für Ganzheit, für Vollendung, für eine Heil versprechende Macht. Alles, was siebenmal vorkommt, sich durch sieben teilen läßt, steht gleichsam aufgrund dieser Tatsache selbst unter einem göttlichen Gesetz des Gelingens.

Dieser Gedanke begegnet uns auch beim Propheten Daniel. Daniel deutet einen Traum Nebukadnezars und prophezeit dem mächtigen Herrscher:

Man wird dich aus der Gemeinschaft der Menschen verstoßen ... so gehen sieben Zeiten über dich hin, bis du erkennst, daß der Höchste über die Herrschaft bei den Menschen gebietet und sie verleiht, wem er will. (Daniel 4,22)

Aristoteles hat dem *Kairos* in seinem Werk, insbesondere der berühmten »Nikomachischen Ethik« (zum Angedenken an seinen Sohn Nikomachos geschrieben) große Bedeutung beigemessen. *Kairos* taucht dort als »das Gute in der Zeit« auf und zwar in einer

Doppelbedeutung: er ist die alles gut machende, voll-endende Zeit und der zu etwas gute, günstige Moment. Dieser Moment liegt in der Mitte, zwischen »zu früh« und »zu spät«. Aus seiner Wahrnehmung erwächst gelingende schöpferische Praxis.

In der Septuaginta (LXX, »die Siebzig«), der griechischen Übersetzung des Alten Testaments, oder besser, der Hebräischen Bibel, taucht *Kairos* vorrangig zur Wiedergabe des hebräischen Zeitbegriffs ʻét auf[8]. Er bedeutet aber auch »Zeitpunkt« und »Endzeit«. Das Charakteristische des *Kairos*-Verständnisses ließe sich hier so umschreiben: Der entscheidende Zeitpunkt steht unter göttlicher Bestimmtheit. Gottes Zeit ist gekommen. Jahwe, der die Zeit geschaffen hat und sie nach seinem Willen füllt, bestimmt die einzelnen – den Menschen fordernden – *Kairoi*. Er ist der Herr der Schöpfung und damit aller Zeit. Er bestimmt die Stunde der Geburt und des Todes und verfügt, daß alles seine Zeit hat. (Vgl. Kohelet/Prediger 3,1-15)

Kairos in der hebräischen Bibel ist ein heilsgeschichtlicher Begriff, der immer auch die Gerichts- und Endzeit miteinschließt. Der gottförmige Mensch, der Fromme, sieht in den *Kairoi* die Führung seines Gottes. Und er vertraut auf Gott und seine rettende Tat zur rechten Zeit.

Zu willkommener Zeit habe ich dich erhört,
und am Tag des Heils habe ich dir geholfen.
(Jesaja 49,8)

Dieses Vertrauen gründet in der Erfahrung des Volkes Israel, vor allem in dem Auszug aus Ägypten unter der Führung von Moses. Die Propheten stellen allerdings einer vordergründigen und konsequenzlosen Heilssicherheit durch das Vertrauen auf Vergangenes die Anforderung der Gegenwart gegenüber[9].

Die Wendung »en to kairo ekeino« (in jener Zeit) erhält nun eine endzeitliche Ausrichtung: Die Erwartung von Gericht und Erfüllung in der Zukunft. Beide, Vergangenheit und Zukunft, wirken so bestimmend auf die Gegenwart ein. Das erhoffte Heil im Vertrauen auf die Heilsgeschichte verschmilzt mit der Anforderung im Jetzt unter dem Vorzeichen der Gerichts- und Erfüllungszeit. In diesem Kontext erhält *Kairos* die Bedeutung von »richtiger Moment« (etwa bei Jesus Sirach), der als Entscheidungszeitpunkt genau abgepaßt werden muß. Die Nutzung der Anforderung des *Kairos* ist die ethische Bewährung bzw. Buße im Blick auf das Ende aller Zeiten.

Kairos – das Wort wurde zwar im Griechischen geboren und vom griechischen Zeitgefühl geprägt, doch es erhält seinen bis heute reichenden tieferen Sinn erst durch das Neue Testament und das dort wiedergegebene Geschehen[10].
Der Kern der christlichen Weltauffassung in Zeit und Kosmos leuchtet im *Kairos* auf. Und zwar in mehreren Schichten. Das Kommen Jesu, der Christusimpuls in der Geschichte, ist der bis dahin einmalige, alle sonstige Zeit übersteigende *Kairos*. In ihm naht sich dem Ende, was der Vorbereitung des Kommenden dient, was in der Vorsehung auf Erfüllung wartete. Jetzt ist die erfüllte Zeit, wie sie programmatisch von Jesus in Markus 1,15 formuliert wird:
Die Zeit ist erfüllt, das Reich Gottes ist nahe, kehrt um und glaubt an das Evangelium.
Nutzt die Zeit jetzt. Dies ist die Gnadenzeit, die die Propheten verkündet hatten[11]. Höre jetzt, und du hast das ewige Leben. Der Evangelist Johannes übermittelt das Jesus-Wort: *Amen, Amen, ich sage euch: Die Stunde kommt und sie ist schon da, in der die Toten die Stimme des Sohnes Gottes hören werden; und alle, die sie hören, werden leben.* (5,25)
Mit Jesu Kommen hat Gott dem Heil in der Welt *seine Zeit* und *seinen Ort* gegeben.
Zu dem *Kairos* im Kommen Jesu als heilsgeschichtlicher Erfüllung tritt die Bedeutung des *Kairos* im Leben Jesu selbst. Jesus bezeichnet sein nahendes Todesleiden als seinen *Kairos*: Zur Vorbereitung des letzten Mahles, des Paschamahls, schickt Jesus die Jünger nach Jerusalem mit der Botschaft:
Der Meister läßt dir sagen: Meine Zeit ist nahe. (Matthäus 26,18)
Jetzt beginnt sich abzuzeichnen, was vorher so weit noch nicht

war. Wir erinnern uns an die Stelle im Johannesevangelium, wo Jesus vor Beginn des Laubhüttenfestes zu seinen zweifelnden Jüngern sagt:
Meine Zeit ist noch nicht gekommen, für euch aber ist immer die rechte Zeit ... geht ihr nur hinauf zum Fest, ich gehe nicht zu diesem Fest hinauf, weil meine Zeit noch nicht erfüllt ist. (Johannes 7,6/8)
Wo bei den Jüngern die eigene Entscheidung reicht, wartet Jesus auf die von Gott bestimmte Zeit. Denn er ist Teil des großen Heilsplanes Gottes. Bereits vorher hatte er seine Mutter zurechtgewiesen:
Frau, was willst du von mir? Meine Stunde ist noch nicht gekommen. (Johannes 2,4)
Er wartet auf seinen *Kairos*, der vom Vater bestimmt ist, und im letzten Ringen mit der vorgezeichneten Entscheidung, nachts in Gethsemane, erwächst echte Gewißheit durch den eigenen Tod hindurch. Sein Tod am Kreuz in Verbindung mit der Auferstehung wird zum heilsgeschichtlichen *Kairos*, der alles Vorherige überhöht und die Hinfälligkeit im Zeitlichen überwindet[12]. Der Vorwurf, den Jesus voller Trauer Jerusalem machte, war, daß die Bürger dieser Stadt die Einmaligkeit der geschichtlichen Situation nicht erkannt und anerkannt haben.
Als er näher kam und die Stadt sah, weinte er über sie und sagte: Wenn doch auch du an diesem Tag erkannt hättest, was dir Frieden bringt. Jetzt aber bleibt es vor deinen Augen verborgen. Sie werden dich und deine Kinder zerschmettern und keinen Stein auf dem anderen lassen; denn du hast die Zeit der Gnade nicht erkannt. (Lukas 19,41/42/44)
Der in der messianischen Gegenwart liegende *Kairos* bleibt unerkannt. Und damit alle Folgeentscheidungen!
Paulus hat die unbedingte Dringlichkeit der Entscheidung, die schon aus den Umkehrmahnungen Jesu in aller Deutlichkeit spricht, noch einmal extrem verschärft und mit sittlichen/ethischen Anforderungen verbunden. Einerseits, so hören wir, befreit der Glaube an die sklavische Bindung der Zeit. Das Gnadengeschenk

der Vergebung reißt aus den Belastungen einer Vergangenheit, die uns in die Tiefe der Schuld, Ohnmacht und Aussichtslosigkeit zu ziehen drohen. Gleichzeitig bleibt die Grundanforderung, nämlich die (noch) gegebene Zeit als Umkehrzeit anzunehmen und auszufüllen. So schreibt Paulus an die Gemeinde in Ephesus:
Nutzt die Zeit, denn diese Tage sind böse ... (5,16)
Der *Kairos*, das ist die Botschaft für die Christen jener Tage (und für Christen heute), erneuert sich in jedem Augenblick des Seins, und der Christ möge ihn erkennen und ihm gerecht werden, etwa in der Liebe zum Nächsten. Die Erkenntnisfähigkeit wiederum hat der Mensch als Kind Gottes durch seinen Geist, der mit dem Geist Gottes in Berührung steht.
Im Geist des *Kairos* als dringlicher Anforderung an jeden Christen lebte auch die Urgemeinde in Jerusalem. Sie verstand sich als Teil des heilsgeschichtlichen Plans, der mit Erscheinen, Wirken, Tod und Auferstehung Jesu seinen Erfüllungspunkt erreicht hatte. Was für eine Anforderung! Paulus schreibt in Römer 13,11:
Bedenkt die gegenwärtige Zeit: Die Stunde ist gekommen, aufzustehen vom Schlaf. Denn jetzt ist das Heil uns näher als zu der Zeit, da wir gläubig wurden.
Ohne zu wissen, wann das »Ende« als ewiger Anfang »da« ist, zählt jede Stunde als Stunde, die diesem Endpunkt näher bringt. Übrigens hat das Urchristentum für diesen Endpunkt den Begriff »jom jahwe«, »Tag des Heils« gewählt (vgl. Apostelgeschichte 2,20 in bezug auf Joel und Jesaja), einen alten jüdischen Begriff. In der Apokalypse des Johannes schließlich erhält der *Kairos* in aller Klarheit die Deutungsweise von Endpunkt, Endgeschehen. Der *Kairos* schafft das ganz Andere, das Neue, das Wunderbare, das neue Jerusalem, den neuen Wein des endzeitlichen Freudenmahles. Dieser *Kairos* meint Neuschöpfung als das herrliche Ende des göttlichen Heilsgeschehens, den Zeitpunkt urchristlicher Hoffnung. Der erste *Neue Mensch* dieser Neuschöpfung ist Jesus.
Aus dieser Essenz des Neuen Testaments erwächst für alle wirklich Gläubigen eine tiefgreifende Zeiterfahrung und Zeitspannung: In Jesus Christus ist das Neue bereits vollendet da,

aber noch nicht vollständig sichtbar und erfahrbar; der Christusimpuls ist in die Welt gegeben und zugleich noch nicht zur Erfüllung gelangt. Die Christen und der Christ stehen in der Spannung von *schon jetzt* und *noch nicht.* Diese Spannungszeit ist *Kairos*-Zeit schlechthin, Zeit der Verheißung und Anforderung und Bewährung, Zeit der Freude und der Hoffnung und Zeit der existentiellen Herausforderung, denn *nahe ist die Zeit* und *nahe ist der Herr.* Schon können wir vom *guten Wort Gottes und den Kräften der zukünftigen Welt schmecken,* wie Paulus in seinem Brief an die Hebräer schreibt (6,5), doch schließt das die Gefahr nicht aus, wieder abzufallen und *damit jetzt den Sohn Gottes noch einmal ans Kreuz zu schlagen und ihn zum Gespött zu machen.* (6,6)

Der *Kairos* des Christusimpulses findet seine Fortsetzung in die Existenz jedes Christen hinein. Doch kann der einzelne nichts zwingen. Denn Gott allein beherrscht die Zeit. Er bestimmt die Termine für die persönliche *Kairos*-Herausforderung. Er allein auch kennt die Stunde, die selbst Jesus unbekannt blieb.

Doch jenen Tag und jene Stunde kennt niemand, auch nicht die Engel im Himmel, nicht einmal der Sohn, sondern nur der Vater. (Markus 13,32)

Seid also wachsam ... denn der Menschensohn kommt zu einer Stunde, in der ihr es nicht erwartet. (Matthäus 24,42/44)

2. *Kairos*-Dimensionen

Sowohl das Heilsgeschehen in seiner ganzen Fülle, wie auch der Weg des in göttlicher Gnade wandelnden Menschen sind *kairos*-bestimmt. Im *Kairos* bricht Göttliches durch und erschüttert, wandelt, vollendet. Die *Kairos*-Zeit kann von uns Menschen als gottesnahe Zeit erfahren werden, und so richtet sich auf diese Erfahrung die gottsuchende Existenz.

Dem *Kairos* wollen wir uns im Folgenden zuwenden, denn er durchbricht die anderen Zeithorizonte und relativiert ihre Bedeutung – das gilt sowohl für den unermüdlich kreisenden Zeiger, der den Chronos mißt als auch für die Zeitspanne, die den Aion umfaßt. Im *Kairos* zeigt sich alles, verdichtet sich alles, kann alles zum anderen sich wandeln, wenngleich in Stufungen der Bedeutsamkeit.

Unüberbietbar steht im Raum aller Zeiten der große, der absolute *Kairos*. Alles in sich bergend, alles sprengend, alles zum Neuen verwandelnd, verkörpert er die Zeit der letzten Entscheidung, des letzten Übergangs, der Verwirklichung des Gottesreiches. Von seinem Nahen künden Leben, Tod und Auferstehung Jesu, wann immer es dann auch sei, daß er sich ereignet. Vor der Wolke des Nichtwissens, die den absoluten *Kairos* noch verbirgt, liegen die *Kairoi* von epochalem Rang. Der epochale *Kairos* hat menschheitsgeschichtliche Bedeutung, er leitet große, menschheitsgeschichtliche Epochen ein, markiert Wendezeiten, die den Fluß der Geschichte verändern, die in die Beziehung des Menschen zu Gott, zur Schöpfung, zur Erde und zu sich selbst eingreifen. Die Menschen in der Zeit der Erscheinung Christi auf Erden lebten in einem solchen epochalen *Kairos*, der zugleich die epochalen Grenzen überstieg und dadurch transzendierte, daß er den großen, den absoluten *Kairos* ankündigte. Seit dieser Zeit ist nichts mehr wie vorher, auch wenn Geschichte – in verkürztem Blick – sich immer wieder nur als Wiederholung von schon

Bekanntem darstellen mag. Einen epochalen *Kairos* erlebten die Menschen im Leben und Wirken des Buddha, im Leben und Wirken des Mohammed und auch im Leben und Wirken anderer Religionsstifter. Gott greift zu verschiedenen Zeiten durch verschiedene Personen in das Erdensein ein. Doch epochale *Kairoi* erfüllen sich nicht nur zum Heil. Das Negative und Dämonische versteht es, die »Gunst« der Stunde zu mißbrauchen, einzufallen in die Geschichte, die Schläfrigkeit der Menschen ausnutzend. Oft erwächst aus der Chance des *Kairos* dann das Gegenteil, der Rückfall in überwunden Geglaubtes, der Sturz gar in die Barbarei nicht selten ungeahnten Ausmaßes. Das Holocaust-Jahrhundert ist angefüllt mit solchen Geschichtsmomenten, die sich nicht im Erkennen und Nutzen des *Kairos* sondern gerade in der Verdunkelung vorhandener Möglichkeiten, in der Verdunkelung des göttlichen Lichts verwirklichten.

Die Menschen der Gegenwart leben in der Aura eines epochalen, eines menschheitsgeschichtlich herausragenden *Kairos*. Sich andeutende bzw. bereits existierende Krisen und Gefährdungen apokalyptischer Dimension weisen sinnfällig auf das globale, universale Geschichtsmoment hin, eine monumentale *Heraus*forderung, die sich als »Wendezeit« oder besser als Entscheidungszeit bezeichnen läßt – ist das Ergebnis doch offen. Ob dieser *Kairos* als solcher erkannt wird, wird sich zunächst in den Konsequenzen zeigen, die aus den Liebes-, Heilungs- und Tröstungsanforderungen erwachsen, welche mit dem Zustand von Mensch, Erde und Schöpfungsgesamtheit, mit den Verletzungen, die der Mensch aufgrund von – wie auch immer begründeter – Liebes-, Einsichts- und Entscheidungsunfähigkeit geschlagen hat und schlägt, verbunden sind.

Zu der eschatologischen und der epochalen tritt die personale, die biographische Dimension des *Kairos*. Als Wahrnehmung persönlicher Anrufung kann sie vielfältig und vielseitig erscheinen, wie wir noch sehen werden. Immer jedoch verbindet sie sich mit Grenzerfahrung; einer Grenzerfahrung auf das Zukünftige hin, von dem schon jetzt etwas sichtbar wird, als Verwirklichungserfahrung im Hinblick auf unsere Sehnsucht nach Erlösung. Durch den wahr- und angenommenen *Kairos* ist im einzelnen Menschen der Sieg der göttlichen Zeit über das Menschliche und Endliche möglich. Geschichte und Erinnerung auf der einen sowie Jenseitshoffnung und -erwartung auf der anderen Seite verbinden sich im kairologischen Moment zum neuen Sein, das bisherige transzendierend.

Das Erkennen eines jeden, und so auch des persönlichen *Kairos*, bedarf ganzheitlicher Erfahrung. Der wissenschaftliche und/oder theologische und/oder rationale Zugang reichen nicht. Das lehrt uns der Blick auf den *Kairos* Jesu und die *Kairoi* der Jünger sowie der Urgemeinde. Es geht um den ganzen Menschen, zu dem neben Kopf und Ratio immer auch Gefühl, Empfindung und Intuition gehören. Gott spricht tausend Sprachen – und in diesem Kontext sollten auch Träume als Gottes vergessene Sprache besonders hervorgehoben werden. Durch die Einbeziehung der Ganzheit des einzelnen wird dann auch das Erkennen des persönlichen *Kairos* zu einer unwiderlegbaren, nicht diskutierbaren Erfahrung. Es geht nicht mehr um Recht oder Unrecht haben. Der *Kairos* transzendiert jede Form von subjektiv und objektiv, von bloßer Meinung und profaner Objektivierung.

Weder ein großer *Kairos* noch die einzelnen *Kairoi* stürzen normalerweise völlig unerwartet in das menschliche Sein und in den Lauf der Geschichte. Vielmehr bereiten sie ihre Ankunft vor, durch kleinere oder größere Schritte bzw. Ereignisse, aber auch durch stetigen Wandel und Weichenstellungen in der Lebensgeschichte einzelner Menschen und Menschengruppen. Das rechte Handeln zur rechten Zeit geschieht aus der Reife; in der Zeit bereitet sich wachsend vor, was später punktuell sich ereignen mag. Und so stehen vor der großen Wende die immer auch kleinen Schritte, bedarf der große *Kairos* vieler kleiner *Kairoi*, für die es wichtig ist, den inneren Zusammenhang zu erkennen und zu lesen, in dem sie stehen. Viele kleine *Kairoi* ergeben in der Gesamtschau die sinnvolle Linie eines größeren Heilsplanes. Auch ihnen gebührt somit grundlegende Bedeutung, die es schon allein deswegen zu erkennen gilt, damit der sich vorbereitende große *Kairos* nicht aus dem Horizont verschwindet, nicht entrückt aus der Sphäre des Möglichen heraus[13]. Jeder *Kairos* räumt Hindernisse beiseite, die das neue Sein, die wahrhaftige Zukünftigkeit ermöglichen sollen[14]. Der *Kairos* jedoch, der nicht erkannt und erfüllt wird, gerät selbst zum Hindernis für das Zukünftige. Das notwendige Wachstum des Zeit-Raumes für den Durchbruch des *Kairos* vollzieht sich in allen *Kairos*-Dimensionen, hat Bedeutung vor allem auch für das persönliche Leben. Am Beispiel Jesu wird ersichtlich, daß *Kairos* Reife der Zeit, Vorbereitung und Zeitenfülle voraussetzt, damit Handlungen möglich werden können, die nötig sind. Jeder Mensch, den die heilige Sehnsucht führt und treibt, steht in der Verantwortung, diese Zeitpunkte und damit die Anfrage an sich zu erkennen und nachzuspüren, wann die Zustände und/oder er selbst reif sind.

Nennen wir das: Ringen um ein Zeitverständnis im Sinne des *Kairos*, Ringen um Sinndeutung und ein Bewußtsein, ein bewußtes Sein in *kairos*-förmiger Wachheit, die es uns auch ermöglicht, in anscheinend kleinen Dingen die große Gnade des Augenblicks zu erkennen.

In seiner göttlichen Bestimmtheit sowie der persönlichen Wahrnehmung und Umsetzung liegt der zugleich absolute und relative Gehalt des *Kairos*. *Kairos* ist Bestimmung, ist Schicksal in der Zeit. Der konkrete Schritt entspringt dem überzeitlichen Heilsplan. Alle *Kairoi*, recht verstanden, dienen der Offenbarung, der Enthüllung dieses Planes.

3. Erfüllte Zeit, die alles enthält

Bäte jemand darum, das Wesen des *Kairos* in einem Satz zu umschreiben, so könnte die Antwort lauten:
Das Ewige bricht in das Zeitliche ein.
Es kommt in dem Augenblick, in dem das Zeitliche bewußt oder unbewußt bereitet ist, es zu empfangen. In einem schönen Sprachbild formuliert Martin Buber diesen Gedanken:
»Der Augenblick ist Gottes Gewand.«[15]

In dem *Kairos* genannten besonderen Augenblick tritt das Ewige in die Stunde, offenbart sich Zeit als Gegenwärtigkeit, die alles enthält. Nicht auf Dauer erscheint der erfüllte Moment, nicht greifbar begibt er sich in endliche Zeit; auf Ahnung nur und in blitzschnellem Erkennen läßt er sich gewahr werden. Doch dieses Erspüren des Ewigen schafft durch den Eindruck, den es hinterläßt, Konstanz und Anknüpfung in der Erinnerung, die die Wachsamkeit gegenüber weiteren *Kairoi* schärfen. Der Moment, in dem das Ewige das Zeitliche berührt, erfährt durch diese Berührung Transzendenz, er entzieht sich zeitlich-chronometrischer Zugänglichkeit und Bestimmung, schafft, obwohl schon wieder vorbei, kaum daß er erschienen, Dauer durch das, was er einbrennt. So sonderbar es klingen mag: Der kairologische Augenblick wird zu einem Stück Ewigkeit, schenkt Ewigkeit, ist zeiterfüllt. In ihm zeigt sich die Gegenwärtigkeit Gottes aus der Ewigkeit heraus und damit setzt er das jeweilige *Jetzt* absolut. *Jetzt ist die Zeit.* Jetzt ist der Mensch in das Verhältnis zu Gott gerückt, jetzt auch durchbricht er das Geworfensein auf sich selbst. »Der Augenblick ist Gottes Gewand.« – das verdeutlicht unmißverständlich, daß *Gott* eine Stunde zu einem *Kairos* erhebt, nicht der Mensch. In seiner letzten Rede vor der Himmelfahrt weist Jesus die Jünger zurecht:

Euch steht es nicht zu, Zeiten und Fristen zu erfahren, die der Vater in seiner Macht festgesetzt hat. (Apostelgeschichte 1,7)
Gott greift in Menschen-Zeit ein, öffnet Chancen, die alles enthalten. *Er* adelt den Moment zum besonderen Augenblick, nicht die Umstände des profanen Lebens. Sören Kierkegaard: »Der Augenblick ist gerade das, was nicht in den Umständen liegt, er ist das Neue, der Einschlag der Ewigkeit – aber im gleichen Augenblick gewinnt er in solchem Maße Macht über die Umstände, daß es täuschend so aussieht (...), als ob sich der Augenblick aus den Umständen ergebe.« (16)
Kairoi sind entscheidende Momente in der Geschichte, mythische Momente der Entscheidung, der Inspiration und Verwandlung. Es sind Momente, in denen die Zeit zu verharren und Raum sich aufzulösen scheint, alles wandelnd. Doch entscheidende Momente in der Geschichte – das kann vieles heißen, existieren doch unzählige Ströme der Geschichte parallel und gleichzeitig, fast so viele, wie Menschen existieren. Und jeder dieser Ströme fließt mit eigener Geschwindigkeit. Es gibt also nicht *die* Geschichte. Entscheidend ist nur, die jeweils besonderen Geschichtsmomente, die eintretenden *Kairoi*, im Gesamt aller Ströme – auf das Meer der Vereinigung zu –, zu sehen und zu verstehen.
Paul Tillich (1886-1965), mit der theologischen Annäherung an den *Kairos* vertraut wie wohl kein christlicher Religionswissenschaftler vor ihm – Sören Kierkegaard (1813-1855) mit seiner Lehre vom Augenblick einmal ausgenommen – spricht hinsichtlich des besonderen Sinns, den der *Kairos* für den heutigen Menschen in seiner jeweiligen besonderen Lage hat, vom Hereinbrechen einer neuen Theonomie. In ihr zeigt sich die Bereitschaft zur unmittelbaren Hinwendung und Offenheit für das Göttliche. In ihr öffnet sich das Bedingte dem Unbedingten – und, so müssen wir ergänzen, hält sie an sich alles aus dem göttlichen Raum für möglich[17]. Die neue theonome Struktur kann zu einem gegenwärtigen Ausdruck des Reiches Gottes werden, zu einer Jetzt-Antwort aus dem göttlichen Bereich auf die »Vaterunser«-Bitte nach dem: *Dein Reich komme!*

»Theonomie ist nicht Erfüllung, sondern das innergeschichtliche Abbild der Erfüllung. Sie ist nicht die Beseitigung des Dämonischen, sondern der Sieg über konkrete dämonische Strukturen; sie ist nicht die Aufrichtung eines Friedensreiches auf Erden, sondern die Schaffung von Symbolen für die Einheit der Menschheit in der vertikalen Dimension; sie ist nicht die Erfüllung von Gerechtigkeit und Harmonie, sondern eine immer wechselnde Manifestation des Lebensprinzips; sie ist nicht die Garantie sozialen und kulturellen Fortschritts, sondern das entscheidende Motiv für alles Handeln in die Zukunft hinein; sie ist nicht das Reich Gottes, sondern das fragmentarische, vorwegnehmende, immer gefährdete Bild des Reiches Gottes in einer spezifischen Periode der menschlichen Geschichte. Und in diesem Sinne können wir sagen, daß, wo immer ein Kairos erlebt wurde, theonome Schöpfungen aus ihm erwachsen sind, meist ganz anderer Gestalt, als das war, was im Moment des Kairos gesehen wurde, und doch Bestätigung der Gegenwart des prophetischen Geistes, des Geistes der Utopie, in denen, die den Kairos durchleuchten.«[18]

In der Betonung des Sieges über die dämonischen Strukturen deutet Tillich an, daß die im *Kairos* entspringende Wahrheit des Augenblicks auch negative, oder besser schmerzhafte Seiten haben kann, die sich im Kampf mit dem Dämonischen offenbaren. Denn die Früchte dieses Kampfes mag der Kämpfende nicht immer sogleich zu erkennen, ja sie mögen gar erst in ferneren Tagen zu ernten sein und vor dieser Zeit dazu führen, daß Träume und Visionen vom gelingenden Leben sich zu zerschlagen scheinen. Für den im *Kairos* stehenden und handelnden, der eine Gelegenheit vertrauend beim Schopfe packt, deren weiterreichender Sinn sich möglicherweise erst später erschließt, muß *Kairos* also nicht unbedingt Licht bedeuten. Ja ihm mag gar offenbar werden, daß der sich ihm zuneigende besondere Moment Beginn von Leiden ist, das als Kreuz vor der Auferstehung wartet.

Gleichwohl – und diesen Akzent gilt es unmißverständlich herauszustellen: Der *Kairos* ist, was er auch bereithalten mag, göttlicher Natur. Er darf nicht mißverstanden werden als die besondere Gelegenheit in der Geschichte, in der Menschenmacht sich zu Infernalischem aufschwingt, symbiotisch verbunden mit dem Dämonischen. Der *Kairos* birgt keine negative Synthese in sich. Er liegt jenseits menschlichen Allmachtstrebens. Das Böse hat keine »rechte« und keine »erfüllte« Zeit.

Die Zeit vom *Kairos* her zu betrachten, heißt, sie im Horizont des schlechthin Bedeutungsvollen zu betrachten. Ja es mag wahrlich so sein, daß wie Theodor Adorno in seiner ästhetischen Theorie, weit über die Bedeutung der Kunst hinauslangend, vermutet, »das Ganze in Wahrheit um der Teile, nämlich seines Kairos, des Augenblicks wegen da ist, nicht umgekehrt.«[19]

Vergangenheit und Zukunft begegnen sich

Der *Kairos* versöhnt Geschichte und Schöpfung. Er schafft Raum für das Neue im Schöpfungsprozeß, Raum für das Göttliche im Vollzug der Geschichte. In ihm begegnen sich Vergangenheit und Gegenwart. Auf der Brücke der Ewigkeit treffen beide zusammen – dieser Brücke, die sich spannt »vom Sternenhimmel der Verheißung, der sich über dem Berg der Offenbarung wölbt, von wo der Strom unseres ewigen Lebens entsprang, bis hin zum unzählbaren Sand der Verheißung, an den das Meer spült, darein jeder Strom mündet, das Meer, aus dem einst der Stern der Erlösung aufsteigen wird, wenn seinen Fluten gleich die Erde überschäumt von Erkenntnis des Herrn.« (Franz Rosenzweig)[20]

Der Wanderer, der auf dieser Brücke geht und dies weiß, erfährt jeden Augenblick als Geschenk der Ewigkeit.

Im Augenblick verschmilzt das ungleichzeitige Bisherige zu einer Synthese, in der Geschichte aufgehoben ist auf das Kommen des Neuen hin und seine Verwirklichung. Die Begegnung von Vergangenheit und Zukunft im Augenblick hat etwas Unausweichliches dadurch, daß wir uns gegenüber dem Bisherigen und Gewesenen nicht verweigern können, so wie es dem bewußten Menschen auch unmöglich erscheint, etwas ohne den Zugriff auf Zukunft wahrzunehmen und zu denken. In Verbindung mit unserem Verständnis von *Kairos* ist jeder Augenblick nicht nur einmalig, von spezifischer Prägung, eigener Dauer, eigenem Gehalt und eigener Herkunft; er wird auch zur Zeit der Bewährung, in der Ergriffensein und Ergreifen ineinander übergehen. Im Augenblick als der eigentlichen, wahrhaften Gegenwart scheint unsere Identität auf. Franz Rosenzweig malt hinsichtlich des augenblicksbestimmten Lebens in christlichem Verständnis das Bild von einer Fahrt entlang des Stroms der Zeit. Fragt der Fahrende sich, »wo denn er jetzt, in diesem Augenblick sei, so gibt ihm darauf der Strom keine Antwort; die Antwort aber, die er sich selber gibt, ist immer nur: unterwegs. Solange der Strom dieser Zeitlichkeit überhaupt noch fließt, solange ist er selber in jedem Augenblick mitten zwischen Anfang und Ende seiner Fahrt ... Nur weil sein Weg ganz Mitte ist und er das weiß, nur deshalb kann und muß er jeden Punkt dieses Wegs als Mittelpunkt empfinden, ... Das Wort des Cherubinischen Wandermanns ›Wär Christus tausendmal in Bethlehem geboren und ist's nicht auch in dir, so bist du doch verloren‹ ist dem Christen nur in der kühnen Prägnanz des Ausdrucks, nicht im Gedanken paradox.«[21]

Es sollte hinreichend deutlich sein, daß dieses Augenblicksverständnis nicht mit dem verwechselt werden darf, was wir gemeinhin »Zeitpunkt« nennen. Zeitpunkte sind meßbar, bestimmbar, vorhersagbar, inhaltlich neutral. Der Augenblick charakterisiert demgegenüber die personengebundene Wahrnehmung, das personengebundene Bewußtsein und daraus resultierendes Begreifen. Das blickende Auge realisiert Zeit, Raum und Situation gleichzeitig, in eins[22], erspürt den *Kairos*-Gehalt, den die Zeit grundsätzlich trägt, auch für sich, nimmt ihn wahr und an als Gnade und Schicksal.

Jetzt, nicht »bald«

»Gott ist allzeit bereit, *wir* aber sind sehr unbereit;
Gott ist uns *nahe*, *wir* aber sind ihm fern;
Gott ist *drinnen*, wir aber sind draußen.«

(Meister Eckehart)[23]

Gott ist uns nahe, sein »Haus« unermeßlich. Unzählige Wohnstätten stehen in ihm bereit. Und doch haben wir in dieser grenzenlosen Weite in jedem Augenblick nur jeweils einen möglichen Platz; nämlich jenen, an dem wir der uns gestellten und von uns wahrgenommenen Anforderung gerecht werden können, an dem sich unsere Sinne und Begabungen und Aktivitäten bündeln. An diesem Platz zur rechten Zeit ist Gott uns am nächsten, teilt er sich mit[24]. Jedes *Heute* stellt solchen Platz zur Verfügung, in jedem Moment unserer Existenz erneuert sich der *Kairos*. Denn »Gott ist ein Gott der Gegenwart«, wie Meister Eckehart sagt. »Wie er dich findet, so nimmt und empfängt er dich, nicht als das, was du gewesen, sondern als das, was du jetzt bist.«[25]
Da zählt also keine Frage, woher die Chancen des Augenblicks kommen und warum sie sich gerade uns zeigen und welche Folgen das wohl alles hätte. Es zählt allein, die Chance zu nutzen, mit aller Kraft, die der Moment dafür bereithält.
In dem Abschnitt über seine Bekehrung teilt Augustinus in den »Bekenntnissen« mit:
»Auf Schritt und Tritt tatest du mir die Wahrheit kund, und von ihr überwältigt, konnte ich nichts erwidern als träge, schlaftrunkene Worte: ›Bald, ja bald, laß mich noch ein Weilchen.‹ Aber das ›bald, bald‹ ward nicht zum ›jetzt‹, und das Weilchen zog sich in die Länge.«[26]
Jetzt! Das Jetzt ist mehr als bloße Gegenwart. Als eigentliche Gegenwart steht es in der Aura eines *kairos*förmigen Lebens, verkörpert es persönliche Zeit als Unmittelbarkeit vor Gott. Im Jetzt ereignet sich der Augenblick, auch wenn er aus dem Jetzt heraus nicht erklärt werden kann[27]. Im Jetzt fallen die Entschei-

dungen, ja in ihm vollzieht sich etwas von dem ewigen Gericht. Im *kairos*förmigen Leben kann es deshalb keine Verbannung des Jetzt geben, hat keine Seelenarchäologie Platz, die von dem Neuen, das gegenwärtig sich auftun will, nur fortführt.
Als Lehre können auch hier die Reich-Gottes-Vorstellungen Jesu gelten: Er sah Gottes Reich unmittelbar anbrechen, sich vollendend in der Zukunft. Nahe wurde es durch ihn in den Heilungen und Bekehrungen, die er vollbrachte; als nahe beschrieb er es in seinen Gleichnissen, die alle in einem gipfelten: *Jetzt ist die Zeit der Umkehr!* Im Jetzt liegt die herausfordernde Wahrheit der Unmittelbarkeit. Dem Jetzt auszuweichen in zeitlicher Vertröstung, heißt, Gott auszuweichen. Die christliche Botschaft lebt als Botschaft des Jetzt. Ihren Anspruch in die Epoche des Lebens Jesu zu verbannen, als fesselnde Geschichte(n) aus einer gotterfüllten Zeit, hieße, sie zu ersticken. Jesus hat die Nähe des Gottesreiches gelebt und erfahrbar gemacht, als Fanal für alle folgende Zeit. Sein gelebter Anspruch der Unmittelbarkeit gilt in jedes Jetzt hinein, bis alles sich vollendet. Die Christus-Botschaft gilt immer *Heute*, mit welcher Konsequenz auch immer. Und so zeigt sich uns das Heilsangebot Christi als eine immer wieder neu Entscheidung fordernde Wirklichkeit, mit einer nach vorne gerichteten grundlegenden Offenheit[28]. Das Kreuz, es steht immer und zeigt uns, wo wir zu stehen haben: Nämlich dort, wo Existenz im Hier und Jetzt und die Begegnung auf Gott zu, wo Bedingtes und Unbedingtes sich kreuzen und verbinden – im Schnittpunkt von horizontal und vertikal, im Herzpunkt, wo das Feuer brennt.
Leben in der Unmittelbarkeit des Jetzt, Leben in der *Kairos*-Wachheit und Augenblickserwartung - daraus spricht keine Abkehr von der Wiederholung gefeierter Zeiten in Kult und religiöser Kultur. In solchem Sinne sollten obige Aussagen nicht mißverstanden werden. Vielmehr drücken gerade diese Zeiten, wenn sie richtig verstanden sind, die Sehnsucht nach Gott als dem Gott der Gegenwart als Einladung aus. Sie können als Bemühen gesehen werden, sich gegenüber der Präsenz des Ewigen in wacher

Erwartung zu halten und etwas von dieser Haltung aus dem Kult hinaus mit in die »profane« Zeit und Gegenwärtigkeit zu nehmen. Der richtig verstandene Kult macht aufnahmebereit für die *kairos*haltigen Signale aus der Ewigkeit. Als Feier des Augenblicks, in dem Vergangenes und Zukünftiges sich berühren, liegt in ihm immer schon erfüllte Wirklichkeit, sind der paradiesische Anfang und das erfüllte Ende aller Zeiten ahnungsvoll verbunden. Verheerend jedoch wirkt sich demgegenüber ein Kultverständnis aus, dessen Anliegen die mythisch überhöhte Fixierung auf vergangenes Geschehen und das Verharren in diesem Geschehen ist, ohne gleichzeitig das Zukünftige heranzurufen, was immer es auch beinhalte. Verheerend wäre auch das Ansinnen, den flüchtigen, vom Numinosen durchdrungenen Augenblick, menschlich-irdisch befestigen zu wollen, seinen Ewigkeitsgehalt quasi einzubetonieren.

Wir verstehen den *Kairos*, den Augenblick, den besonderen Moment und das Jetzt-Bewußtsein von der Ewigkeit her, deuten die Zeit von daher und daraufhin. So beugen wir vor, daß das *kairos*förmige Leben nicht zu einer Überbetonung und Überbewertung des aktuellen, gegenwärtigen Weltgeschehens führt, sich nicht gar der Ewigkeitsbezug der Existenz zu verlieren droht in Geschäftigkeit, die immer wieder nur *für* den Augenblick gedacht ist. Das *kairos*bestimmte Handeln erfährt Führung für eine Welt, die kommt: *in* der Gegenwart, aber nicht bloß für die Gegenwart. Bezugnehmend auf den Philosophen Léon Blum, der während des »Hitlerismus« in der Haft ein philosophisches Buch verfaßte, aus dem ganz der Glaube an eine verborgene Zukunft spricht und dazu einlädt, in der schwarzen Gegenwart für die erhofften Dinge zu arbeiten, schreibt Emmanuel Lévinas:

»Es liegt Vulgarität und Niedrigkeit in einer Handlung, die nur für den unmittelbaren Augenblick gedacht ist, das heißt aber, letzten Endes nur für unser Leben. Und es liegt ein sehr großer Adel in der vom Zwang der Gegenwart befreiten Energie.«[29]

4. Tanz auf des Messers Schneide

Der *Kairos* wendet sich aus dem göttlichen Raum dem Menschen als Chance zur Umkehr, als Chance zur Verwirklichung schon jetzt, als Arbeit am Reich Gottes zu. Grundsätzlich positiver Natur, haftet ihm gleichwohl Ambivalenz, Herausforderung und Bedrohung an. Sie wurzeln in seiner Ergebnisoffenheit, in seiner – vom Menschen her betrachtet – Kontingenz. Alles ist möglich, denn ich kann ja oder nein sagen, annehmen oder verweigern, bestehen oder scheitern. Und auch das Ja-Sagen hält wiederum in der Folge völlige Unberechenbarkeit bereit. Der Gefahr kann man nicht aus dem Wege gehen, das Neue muß täglich gewagt werden. Dem biographischen, dem epochalen und dem großen, dem eschatologischen *Kairos* schon gar ist diese Unberechenbarkeit eigen. Gerade hierin liegt ja auch das Menschliche an dem Gottwerden Jesu. Bezüglich der Nähe des apokalyptischen Endes war seine Prognose vor den Jüngern: *Diese Generation wird nicht vergehen, bis alles eintritt.* (Lukas 21,32) falsch. Die Zeit, so sagt er dann ja auch an anderer Stelle, liegt allein in den Händen des Vaters (Apostelgeschichte 1,7), und die Stunde der Entscheidung kennt nicht einmal der Sohn. (Matthäus 14,36)

Es gibt keine gewaltigere Probe auf die Freiheit. Wir befinden uns hier an einem Punkt von herausragender Bedeutung für jegliches Verständnis von *Kairos*. Gott als Gott der Freiheit schenkt Zeichen und Brücken der Umkehr zu sich hin, gibt Kunde von seiner Sehnsucht nach den Menschen und weckt die Sehnsucht in uns. Doch die letzte Entscheidung, diese Gnade anzunehmen, liegt bei uns, bei jedem von uns, gleich auch, wie seine bisherige Geschichte sei. Wer die *kairos*haltige Luft in der menschlichen Atmosphäre wahrnimmt, der kann nicht anders, als jeden Gedanken von sich zu weisen, der von einer vorherbestimmten Erwählung oder Verworfenheit des Menschen handelt[30]. Der kann auch nicht anders, als alle geistigen Verstrickungen abzustreifen, die dem Christen einreden wollen, eine »Erbsünde«, gar aus Ur-Väter Zeiten belaste sein Leben von Kindheit an und schränke seine Freiheit des Handelns ein. Wohl leben wir alle in Schuld, sind eingeflochten in historisch Gewordenes und strukturell Verfestigtes; und wohl auch untersteht unsere Freiheit in den Folgen der Gnadenhaftigkeit des Heils. Doch nichts, gar nichts existiert, das nicht den an sich berührbaren Kern der Befreiung durch freie Entscheidung in sich trägt. Erkennen des *Kairos* und *kairos*rechtes Tun sprengt den Geist- und Seelenbeton der »Erbsünde«. Jeder Mensch ist einmalig, gestellt in Zeit und Geschichte und mit der Verantwortung beschenkt, daß das, was er nicht tut, in dieser Form sonst niemand tut.

Der bewußte Mensch lebt immer in der Grenzsituation äußeren und inneren Bedrohtseins. Wieviel mehr gilt das für die Kinder der Sehnsucht, die sich der Provokation des *Kairos* stellen und sich abwenden von den Offerten existentieller Sicherheiten und Sicherungen. Aus der mit dem Menschsein grundverfügten Grenzbewohnung gibt es auch kein Entkommen durch mystische Innerlichkeit. Im Gegenteil. Begibt der Mensch sich authentisch in ihre Tiefe, so erfährt er Radikalisierung seines Tanzes auf Messers Schneide, wenn auch im Letzten getragen durch das Erahnen seiner kosmischen Beheimatung im Ewigkeitsraum. Wir werden in den *Kairos* durch das Leben in Grenzsituation geführt. Denn Grenzsituation heißt, daß ständig Entscheidungen warten. Mit stärkstem Druck wird diese Grenzsituation uns bewußt in solchen Bedrohungen äußerlicher oder innerer Natur, an denen unsere Möglichkeiten abprallen. Ganz in Gnade sind wir dann gestellt, gleichsam Spieler, die ein Blatt reizen, dessen Trümpfe sie nicht einzuschätzen vermögen – im Vertrauen auf die noch verdeckten Karten.

Oft wird der Tod als *die* zugespitzte Grenzsituation gesehen und erfahren. Doch läßt sich diese Einschätzung nicht verabsolutieren. Wenn ich die wahrhaft entscheidenden *Kairoi* in meinem Leben nicht erkannt und sie nicht gemeistert habe, dann ist das damit verbundene »Sterben« auch durch die Beendigung der leiblichen

Existenz nicht mehr weiter zu verschärfen. Der Tod verlangt mir keine Entscheidung ab, ist, so betrachtet, keine Grenzsituation im hier verstandenen Sinne. Paul Tillich:
»Wer die Bedrohung in seiner Wesenswurzel kennt, der weiß, daß der Todesgedanke keine Erleichterung bringt. Er weiß, daß er gleichsam die Verzweiflung mit in den Tod nehmen würde, ganz gleich, wie man sich dies ›im Tode‹ denkt oder nicht denkt. Denn die Grenzsituation des Menschen ist gerade darum möglich, weil der Mensch als Mensch über seiner vitalen Existenz steht, weil er gebrochen ist in seinem unmittelbaren Dasein. Menschsein ist diese Erhebung über das bloße Dasein, ist dieses Stehen in der Freiheit, in der Freiheit nämlich, ja oder nein zu sagen zum Dasein. Mit dieser seiner Freiheit, die sein Wesen ist und der er sich nicht entziehen kann, ist auch seine Bedrohtheit gegeben.«[31]

Jede Zeit ist besondere Zeit

Das *kairos*förmige Leben bringt eine Radikalisierung der gesamten Existenz mit sich. Jede Zeit ist besondere Zeit, jeder Tag birgt seine Gnade und konfrontiert mit der Verantwortung, die unweigerlich übernimmt, wer zum Arbeiter im Weinberg Gottes wird.
Unsere Tage zu zählen lehre uns!
Dann gewinnen wir ein weises Herz. (Psalm 90,12)
Leben im *Kairos*, was meint das anderes als metánoia, Umkehr, wie sie im Neuen Testament durchgängig angemahnt wird. Mag sein, daß bei den meisten der heutigen Menschen westlichen Typs diese Umkehr ihren Ausgangspunkt im Kopf nimmt, doch dann erfaßt sie unweigerlich die ganze Person, kann sie zur Auferstehung schon zu Lebzeiten führen: Auferstehung aus Machtstreben, Ungerechtigkeit und Selbstzerstörung. Friedrich Heer umschreibt unter Bezugnahme auf das Leben der heiligen Therese von Lisieux diesen Auferstehungsprozeß:
»Das ganze irdische Leben wird transparent, mitten in ihm wächst,

wie das Korn, das ewige Leben. Der Himmel wächst hier und heute, in jedem Menschen, in jedem Ereignis, in jeder Tat, in jeder Stunde, in der ein Mensch Gott annimmt in allem, was auf ihn zukommt. Das bedeutet ein ungeheures Ernstnehmen jedes Herzschlages, jedes Menschen, bedeutet die Reifung der halben Zeit, des zwieschlächtigen Augenblicks der Arbeitszeit und Freizeit zur Gegenwart. Gott ist ein Gott der Gegenwart, hat in Köln Meister Eckehart gepredigt. Therese ergänzt: »Bis an das Ende der Kräfte gehen und sich nie beklagen.« Therese kennt die Krebskrankheit des europäischen Christentums: die Sentimentalität und Egozentrität, den Neid, den Haß, den Selbsthaß auch, dieses sich bis ins letzte Selbst-Sein-Wollen, woraus das Sich-Selbst-Bemitleiden ebenso erwächst wie das argwöhnische Streben nach Sicherung der eigenen Position, des Eigenstandes.«[32]
Auferstehung aus der Hölle der leeren Sinnlosigkeit nennt Karl Rahner solches inneres Wachstum:
»Zeit wird Irrsinn, wenn sie sich nicht vollenden kann. Ein ewiges Weitermachen wäre die Hölle der leeren Sinnlosigkeit, kein Augenblick hätte Gewicht, weil man alles ins leere später, das nie fehlen wird, verlagern und abschieben könnte.«[33]
Die Umkehr, die sich unter dem Strahl des *Kairos* vollzieht, ist selbst unumkehrbar. Sie gibt dem Leben neue Richtung und korrigiert bisherige Vorstellungen und Erwartungen, selbst solche »heiligster« Natur. Umkehrerfahrung orientiert um, sie bestätigt nicht. Nichts kann ihr vom Grundsatz her standhalten, keine Position für sich in Anspruch nehmen, unverrückbar zu sein. Von dieser Umkehr, diesem definitiven Einbruch in das Leben, künden uns exemplarisch auch die Erfahrungen großer religiöser Gestalten der Geschichte.
Wir denken an die Nacht des Buddha unter dem Pipala-Baum, in der ihm die Erleuchtung widerfuhr; wir denken an den Seelenkampf des Augustinus im Mailänder Garten, der damit endete, daß das »Licht der Gewißheit« sein Herz durchströmte »und alle Schatten des Zweifels waren verschwunden«[34]. Wir denken aber etwa auch an Sören Kierkegaard, der eine so gewaltige und

lichtklare Einsicht erhielt, daß er durch und durch erschüttert wurde. Mögen diese drei für die unzähligen Menschen stehen, die ähnliches erlebt haben, zumeist in der Stille und verborgen gehalten, wenn auch alles verändernd. Spürten wir nur gründlich genug nach, Bände ließen sich mit entsprechenden Geschichten füllen. Der *Kairos* ist allgegenwärtig.

Die Kraft der Intuition

So wie jedes Kunstwerk, jede Liebesregung und jede bewußt erlebte Begegnung ist jeder Augenblick einmalig. Doch wie nehmen wir das jeweilige Augenblickhafte wahr? Mittels rationalem und begrifflichem Denken vermögen wir die Augenblickstiefe nicht zu erfassen, können wir nicht in die Tiefen des Geistes vorstoßen. Dazu verhilft nur das intuitive Wahrnehmen und Erkennen. In der Intuition zeigt sich das Besondere, streift das Verborgene seine Alltags-Verkleidung ab, werden Raum und Zeit eins und erhält Zeit ihre eigentliche, der Augenblicksbedeutung angemessene und sich nicht dem Chronos unterwerfende Dauer. In der Intuition als Gabe der Wachheit zählt das Wesenhafte des Seins und seine Veränderung hin zum Neuen, nicht aber das durch Alltagswissen und durch Uhrzeit definierte. In der Intuition verbinden sich durch die überzeitliche Wesensschau Vergangenheit, Gegenwart und Zukunft zur Gleichzeitigkeit[35]. Das intuitive Erfassen dessen, was den Augenblick ausmacht und sich im Augenblick zeigt, steht also im deutlichen Gegensatz zu dem in unserer Kultur dominanten »Erkennen« mittels Analyse und Unterscheidung, mittels Aufgliederung, kausaler Ableitung und gemessener zeitlicher Dauer. Das bloße rationalistische Erkennen, dem die Intuition ungeheuer bleiben muß, da sie sich definierten Standards, Konventionen und Denkschablonen entzieht, benötigt die Fixierung des Punktes, das Einhalten und das Einfrieren des Moments sowie die Einpassung des Erkannten in nachvollziehbare und verbalisierbare Kategorien.

Wir halten demgegenüber in Anlehnung an Kierkegaard fest, daß die intuitive Erfahrung dem allgemein respektierten begrifflichen und sprachlichen Zugang und auch der weltlichen Klugheit voraus ist; wir könnten auch sagen: Es gibt die unendliche Differenz zwischen der Erfahrungsgewißheit und der Sagbarkeit[36]. Das intuitive Erspüren des *Kairos* hat prophetische Qualität. Und als solches ist es nicht nur an die Person gebunden. Als der Person oder Personengruppen sich offenbarende Wahrheit des Moments steht es zugleich jenseits von wahr und falsch. Es kann nicht widerlegt werden. Das macht es so schwierig, über Kairos-Erfahrung zu diskutieren, wenn in dem Aufeinanderprallen der Diskutierenden sich unterschiedliche Erfahrungs- und Wahrnehmungswelten gegenüberstehen.

> »Ein Schüler fragt den Meister:
> ›Kann ich irgend etwas tun, um erleuchtet zu werden?‹
> ›Genausowenig, wie du dazu beitragen kannst,
> daß die Sonne morgens aufgeht.‹
> ›Was nützen dann die geistlichen Übungen,
> die ihr verschreibt?‹
> ›Um sicher zu gehen, daß du nicht schläfst,
> wenn die Sonne aufgeht.‹«[37]

Der Nährboden der Intuition ist die Wahrheit. Aus der Wahrheit erspüren wir den in historischen Situationen sich vorbereitenden besonderen Moment heraus, trotz aller Unberechenbarkeit und Irrtumswahrscheinlichkeit. Wachheit und Wachsamkeit halten in der jederzeitigen, von Jesus angemahnten Herausforderung zum entscheidenden Handeln. Wachheit als Lebenshaltung soll uns tragen, durch alle unvermeidlichen Routinen und Wiederholungen des alltäglichen Lebens hindurch. Mit ihrer Zwillingsschwester, der Sensibilität, hält sie uns in steter Unmittelbarkeit, erlaubt sie inmitten der Gegenwart bereits ein Erleben und Vorwegspüren von Zukunft.

Wachheit gebietet sich jedoch auch hinsichtlich unserer eigenen Person. Wie alles, so haben auch wir Zeiten zu wachsen und Zeiten abzunehmen, Zeiten der Entscheidung und der Tat und Zeiten der inneren Verwandlung. Jeweils beides ist gut zur jeweils rechten Zeit. Doch diese Zeit gilt es zu erkennen. Der im *Kairos* liegende Auftrag etwa mag zeitlich und/oder räumlich begrenzt sein. Und in diesem Falle wäre nichts fataler, als das für eine historische oder biographische Zeitspanne Vorgesehene, eigenmächtig auf das ganze Leben hin auszuweiten. Schon oft sind in der Geschichte Impulse erstorben, weil die Impulsgeber den Folge-*Kairos* nicht erspüren wollten, nämlich den der Zeit des Loslassens und Überlassens. Gott beruft für bestimmtes Tun lebenslang, oft aber auch nur für begrenzte Zeit. Und der Prophet wird zum Schwätzer, wenn er die Spanne überschreitet. Gewöhnung, Selbstüberschätzung, Selbstgenüßlichkeit und Eitelkeit sind Todfeinde des *Kairos* und des aus ihm resultierenden Handelns.

Innehalten

»Das Gesetz der Sünde ist die Tyrannei der Gewohnheit«, sagt Augustinus[38]. Es ließe sich auch formulieren, daß mit der schrecklichste Tod schon zu Lebzeiten darin besteht, sich langsam und unmerklich immer mehr anzugleichen an sich selbst und sich in Wiederholungen von Denken, Fühlen, Verhalten und Selbstwahrnehmung zu erschöpfen. Routinen, die den Menschen beherrschen, lassen erstarren, machen hart und unempfänglich. Sie blockieren den Geist. Dieses Leben müssen wir sprengen. Was wir sind und waren, darf nicht zwangsläufig und unweigerlich zur erwartbaren, ersichtlichen und erschöpfenden Quelle für das werden, was vor uns liegt und was der Moment von uns fordert.

Das Heil im Hinblick auf bewußtes und waches Leben liegt darin, Routinen, Selbstgewißheiten und Fixierungen zu durchbrechen. Verhaltens- und Denkroutinen sind davon in gleichem

Maße betroffen. Im Durchbrechen erstarrter Kreisläufe tritt der Mensch in Distanz zu sich selbst, befreit er sich vom verhafteten Blick auf sein Sein. So schafft er die Voraussetzungen, das Neue, das gegebenenfalls schon wartet, zu sehen und an sich heranzulassen.

Vor der Bereitschaft, den *Kairos* zu erkennen und wahrzunehmen, wartet der Einschnitt: wider die üblichen und gesellschaftlich normierten Regeln, insoweit sie mehr narkotisieren als wachhalten, Menschen mehr ducken als aufrichten, Blicke mehr verengen als weiten. Die Unterbrechung der gewohnten Bewegung läßt innehalten; innehalten, um sich zu besinnen. Dann blitzt mitten im Trott von Verfangensein und Aussichtslosigkeit das winzige Moment der Hoffnung immer wieder auf. Doch der Mensch neigt dazu, sich einzurichten. Und so muß er schon im Moment des Einschnitts bereits wieder dem Drang widerstehen, das Durchbrochene und den kleinen Strahl der Hoffnung fixieren zu wollen. Im Innehalten durchschneiden wir sowohl das Band der Bewußtlosigkeit wie auch das Streben danach, in der Augenblickserfahrung verharren zu wollen.

Die Chance nicht verpassen

»O! nimm der Stunde wahr, eh sie entschlüpft,
So selten kommt der Augenblick im Leben,
Der wahrhaftig wichtig ist und groß. Wo eine
Entscheidung soll geschehen, da muß vieles
Sich glücklich treffen und zusammenfinden.«

(Friedrich Schiller)

Ähnlich wie Schiller in »Wallenstein« formuliert Johannes vom Kreuz:

»Wer die Gelegenheit entschlüpfen läßt, gleicht einem, der den Vogel in seiner Hand nicht festhält; er wird ihn nicht zum zweitenmal fassen.«[39]

Historische Stunden und *Kairos*-Momente sind unverfügbar. Sie kommen oder kommen nicht, nach höherem Willen. Werden sie im Falle ihres Kommens aber nicht gesehen und nicht wahrgenommen, dann bringt keine Zeit der Welt sie je zurück.

»Man lebt nur einmal; es gibt Verluste, die ewig unwiderbringlich sind, so daß die Ewigkeit ... weit davon, die Erinnerung an das Vergangene auszulöschen, ein ewiges Erinnern an das Verlorene ist.«[40]

Zwar vorbereitet in der Zeit, doch unerwartet, trifft der *Kairos* ans Licht. Er kreuzt und durchkreuzt unsere Zeitpläne und Stundenfestlegungen. Er durchbricht die Linearität des Lebens, die wir glauben uns verordnen zu müssen, damit wir »Sicherheit» haben. Der *Kairos* sagt uns, daß jenseits aller Planungen jetzt dran ist, was dran ist. Hörst du das aber nicht, kommt dieser Ruf kein zweites Mal. Dann hast du deine Pantoffeln gerettet und den Stern verloren; dann hast du die Krise nicht als Stunde der Wahrheit erkannt und dir die Chance geraubt zu erkennen, wer du bist bzw. sein kannst. So wie große historische Stunden, birgt jeder Augenblick seine Chance; doch sie ist von flüchtiger Dauer.

In seiner Chronik aus dem dreißigjährigen Krieg (»Mutter Courage und ihre Kinder«) beschreibt Bertolt Brecht, wie Mutter Courage die Chance des Augenblicks durch Geldgier verpaßt. Um ihren von »den Katholischen« gefangenen Sohn durch ein Lösegeld zu retten, versucht sie, den Marketenderwagen, der ihre Existenz garantiert, zu verpfänden. Doch das Feilschen mit der Lagerdirne Yvette um den Preis währt zu lange. Der Sohn wird erschossen.

Nicht immer haben *Kairoi* so gravierende Folgen, nicht immer sind sie von so weitreichender Bedeutung. Doch auch verpaßte Gelegenheiten zum Gespräch, zur Klärung, zur Versöhnung, zur Hilfe liegen auf dieser Linie. Im anscheinend Kleinen wächst die Bewährung auch für den großen Moment, der alles zu wandeln vermag oder in dem ich alles verspiele[41].

5. Übergangszeit – Leben im Vorraum eines epochalen *Kairos*

Inwieweit ein epochaler *Kairos* samt den ihm vorausgehenden kleineren *Kairoi* von großen Menschengruppen erkannt werden kann, hängt von vielem ab. Vor allem aber scheinen zwei Strömungen sich begegnen zu müssen: die in bewußter Hoffnung auf das Gewahrwerden des Neuen sich richtende geistige Kraft entsprechend vorbereiteter Menschen und das Grundgefühl zahlreicher Menschen, quer durch alle Schichten, das der Sehnsucht nach dem Anderen Ausdruck gibt. Dieses Gefühl kann diffus sein, mag wiederum Einfallstor sein für Gegenkräfte, die es im Sinne ihrer Interessen ausbeuten; gleichwohl ist es erforderlich, damit die rechte Gelegenheit zur rechten Zeit am rechten irdischen Ort entstehen kann.

Gegenkräfte

Hinter der Versuchung, dem Erkennen eines *Kairos* auszuweichen, steckt immer wieder eine Grundangst des Menschen, die mit dem Verpassen von Chancen zu tun hat: Die Angst, unwiderbringlich ein Stück Selbstverwirklichung zu verlieren, in der einen oder anderen Weise zu kurz zu kommen, mitten im Hier und Jetzt. Und dann geschieht es, daß das eigentlich Wahre und Rechte als das wahrgenommen wird, was meine Lebensperspektive bedroht, vor allem wenn es mit Umkehr im Leben verbunden zu sein scheint. Unweigerlich folgen dieser Wahrnehmung Arrangements mit den Gegenkräften.
»Dieses aber ist die Dämonie des bürgerlichen Geistes, daß er ein System geschaffen hat, das dazu zwingt, im unendlichen Dienst am Endlichen und im Kampf aller gegen alle Leib und

Seele zu opfern ... Dämonisch ist eine Macht, die heilig und doch widergöttlich, tragend und doch zerstörend ist.«
Tillich gibt dieser Macht den Namen kapitalistische Wirtschaft. Gerade vor dem Hintergrund des weltweiten Zusammenbruchs der sogenannten sozialistischen Systeme, den Tillich zu seiner Zeit nicht voraussehen und nicht ahnen konnte, liegt in diesem Erkennen und spricht aus seinen Worten ein prophetischer Geist, der treffender den Zustand vor der Jahrhundert- und Jahrtausendwende nicht beschreiben könnte.
»Wir alle leben vom Kapitalismus; nur er kann die Massen ernähren, nur er kann die Erde umspannen und zusammenschließen; und doch zerstört er uns. Er zerstört die Massen, die er aller Gehalte und Lebensbeziehungen beraubt, atomisiert und unter den Gesetzen der autonomen Wirtschaft zusammenschmiedet. Er zerstört seine Führer, die für den Kampf um das Endliche und die Herrschaft in ihm einen zu hohen Preis zahlen müssen, er zerstört die Gemeinschaften, indem er das Interesse eines jeden dem jedes anderen entgegenstellt und durch die wechselnde Solidarität der Interessen den Kampf nur umfassender gestaltet, ohne wirklich Gemeinschaft zu stiften.«
Und der Autor zieht eine historische Parallele:
»In der Wirklichkeit herrscht noch manches andere Dämonische, aber auch Göttliche. Weite Gebiete sind noch nicht unterworfen. Restbestände in jeder Seele sind da, die sich empören. Und doch ist er der oberste der Dämonen, den wir alle bejahen müssen, weil wir ihm unser Dasein verdanken. So konnte die alte Christenheit für den römischen Staat, in dem sie das dämonische Symbol ihrer Zeit sah, beten, weil er allein das Chaos verhindern konnte.«[42]
Das Dämonische, wie es in diesem Zitat zum Ausdruck kommt, hat Verlockendes und besitzt vor allem eine Macht, die das Leben auf der Erde vergleichsweise angenehm zu gestalten vermag. Gerade diese Symbiose charakterisiert das Dämonische. Seine Faszination ist die tägliche Versuchung des Menschen, die Ursehnsucht nach dem Unbedingten im Bedingten schon zu ver-

wirklichen. Überdeckt von Alltagsorientierungen und versteckt hinter den Irrwegen der Sehnsucht hat der *Kairos* es schwer, mit seinem Glanz durchzudringen. Als besonderes Erschwernis unserer Tage kommen die Irritationen hinzu, die einhergehen mit den Verwerfungen im Bereich von Zeit und Zeitwahrnehmung. Die quasi umfassende und im engsten Sinne des Wortes totalitäre Umklammerung der Zeit durch das Diktat der Ökonomie durchbricht nicht nur die Eigenzeit von Natur und Tier – etwa in der Landwirtschaft; sie bewirkt auch beim Menschen neben der Störung organischer Abläufe gravierende Wahrnehmungseinschränkungen und -blockaden. Ausgebeutete Zeit kostet nicht nur die Arbeitskraft des Individuums sondern auch seine Geisteskraft und Seelenkraft. Und wieviel mehr müssen wir das betonen in einer weltweit festzustellenden politischen Gesamtsituation, die um des Profits willen auch nicht mehr Halt macht vor den letzten Reserven und vor heiligen Zeiten, Tagen und Stunden.

Die Zurichtung der industriegesellschaftlichen Welt ist zur mächtigen Widersacherin für den wachen Umgang mit Zeit geworden. Sich im Strom der Haben-Welt treiben lassen, existentiellen Fragen ausweichend, äußere Sicherheit im Blick – darin liegt der Triumph aller Kräfte, die wir dämonisch nennen und die sich aufbauen vor der Öffnung hin zu Gott.

Im Grunde weiß der Mensch – und dieses Vertrauen lassen wir uns nicht nehmen – um seine Zerrissenheit, kennt er seinen Seelenzustand sehr wohl und ahnt er die Tiefe der Verlorenheit, die sich im Strudel der Bewußtlosigkeit auftut. Im Grunde weiß der Mensch um die Lebenslüge, die er verfolgt und ahnt er, daß das leuchtende Antlitz der Besitz- und Zerstreuungskultur nur die janusköpfige Kehrseite der Sinnlosigkeit ist. Deren Fratze allerdings bemerkt er oft zu spät. Zu spät auch stellt er sich den Schattenseiten der eigenen Existenz und der eigenen Person in aller Offenheit und Schärfe.

Doch solange er dieses Dunkle in sich nicht gesehen hat, wie soll er da das Dämonische erkennen, dessen Reich das Dunkle ist?

Prophetie schafft den Kairos mit

Der epochale *Kairos* wartet auch in dieser anscheinend dunklen und *kairos*losen Zeit. Selbstzerstörung ohne Chance zur Umkehr ist nicht das Ziel des Menschengeschlechts in seiner Gesamtheit. Doch bis dieser *Kairos* für hinreichend viele Menschen spür- und sichtbar wird und aus ihm epochales Handeln erwächst, wird die Menschheit noch schwere Erschütterungen, Zerstörungen und Katastrophen erleiden. Das scheint die kulturübergreifende Wahrheit der Neuzeit zu sein, daß vor der Umkehr, vor dem wirksamen Handeln in der Bewußtseinslage einer Wendezeit, Prozesse der menschengewirkten Zerstörung liegen. Erst wenn diese nicht mehr zu ertragen sind, das Ende der Sackgasse mit Fingern berührt werden kann, hat das Neue die Chance, sich auf breiter Linie Bahn zu brechen. Und so kündigt sich in allem Gewitter das Neue an. Diese Wirklichkeit sollten wir als unausweichlich auf uns nehmen und ihr nicht zu entfliehen trachten. Denn nur durch Annahme und Widerstehen und nicht durch Flucht läßt sich gegebenenfalls die Zeit verkürzen.

Menschen, die auf den *Kairos* zuleben, stellen ihr Gegenwartshandeln in den Geist des wartenden *Kairos* und in das Bewußtsein, daß jederzeit sich Momente ergeben, die ihn vorbereiten und die auch die eigene Person betreffen. Sie verschreiben die Sinndeutung ihres Lebens der *Kairos*-Wachheit, um den Einbruch des Ewigen in der Zeit und für die Zeit zu ermöglichen. Sie leben letztendlich im Geist der Prophetie und im Geist der Utopie; ihr ist es eigen, daß sie den Samen des zu Verwirklichenden schon in sich trägt.

Prophetie und Utopie sind beide mit dem Risiko behaftet, in intellektuellen Schubladen zu verstauben, wenn dem kristallinen und klaren Wort nicht die umarmende Zuwendung und die Wärme des Angenommenseins folgen. Ohne diese Wärme führt der scharfe Geist bei vielen Menschen nur in die Angst. Was man aber durch Angst erlangt, reicht – so Mahatma Gandhi – »nur so weit, wie die Angst anhält«[43].

Der Geist der Prophetie wird in unseren Tagen unterschätzt. Das mag damit zusammenhängen, daß eine Unterscheidung der prophetischen von den geistlosen Stimmen im allgemeinen Rauschen des Veröffentlichten extrem erschwert worden ist. Auch hier gilt: Nur der wach Lebende und wach Handelnde kann diese Unterscheidung leisten und damit dem *Kairos* zum Durchbruch verhelfen. Denn es stimmt zwar, daß derjenige, der einen *Kairos* verkündet, daran mitwirkt, ihn zu schaffen, doch muß die Verkündigung auch das Ohr derjenigen erreichen, die den Gehalt des Gesagten erspüren und das Gehörte weitergeben durch Wort und Tat.

Wachheit, Bewußtheit, Bereitung –

das Gegebene annehmen, ohne daran zu zerbrechen –

die Botschaft des Heute hören, doch das Heute vor dem Ewigkeitshorizont betrachten –

achtsam sein, in allem, was wir tun, nicht wissend, wann die Stunde kommt –

jederzeit das tun, was wir als Bestes vermögen ...

Woher kommen die Kraft und die Inspiration zu solcher Lebenshaltung?

Woher kommt die Freude darüber, daß in jedem Augenblick alles sich ereignen, alles neu beginnen und ich immer wieder anfangen kann, wahrhaft zu leben?

Und woher schließlich kommt die Bereitschaft, mich froh und erwartungsvoll in der Wahrheit einzufinden, daß wir auf Erden den Schleier des Geheimnisses nicht lüften können, der das Ewige umgibt, und mit dem Ewigen auch den *Kairos* als seine Speerspitze im Endlichen?

III
Kontemplation

Das Schweigen der Seele vor Gott

❖

Nur in Umkehr und Ruhe liegt eure Rettung,
nur Stille und Vertrauen verleihen euch Kraft.
(Jesaja 30,15)

Am Anfang war der Logos, das »Wort«. Doch vor dem Wort, da liegt das Schweigen. Aus dem Schweigen ergießt sich der Strom der Schöpfung, aus dem Schweigen ruft Gott seine Geschöpfe ins Leben. Der Quell des Lebens entspringt aus der Tiefe der Stille, so wie in großen Kompositionen Stille vor dem ersten Klang liegt und der Moment des Schweigens aller Töne auch dem fantastischen Schlußakkord vorausgeht.
Gott kommt aus der Stille des Universums, in seine Stille zieht er, die sich nach ihm sehnen.
Als tiefes Schweigen das All umfing ...
da sprang dein allmächtiges Wort vom Himmel.
(Weisheit 18,14)
Den Unendlichkeitsraum des Göttlichen können wir nicht räsonnierend und abstrahierend erfahren. Beweise scheitern. Gefordert sind Konstanz, Ringen, Wachheit und Schweigen, Schweigen, Schweigen. Im Schweigen bricht das Numinose in uns herein. Über das Schweigen finden wir – zurück, nach vorne, zu uns selbst, zu Gott.

Das Schweigen öffnet unseren Sehnsuchtsraum, holt uns aus der Bindung an die Vergänglichkeit in das Gewahrwerden des Überzeitlichen. Die Tiefe des Augenblicks, der Gehalt des besonderen Moments, die *Kairos*haltigkeit einer Stunde offenbaren sich uns, wenn wir stille sind, wir uns in uns selbst besinnen und uns für diese Zeit von der Sorge um die Welt befreien. Sehnsucht, *Kairos* und das Schweigen – sie sind eins, werden eins im Schweigen.

Wer die heilige Sehnsucht in sich trägt, dem ist der Weg der Stille, der Meditation und Kontemplation vorgegeben. Er wird danach streben, unendliche Wirklichkeit kennenzulernen, ohne Filterung und Verzerrung durch unsere Wünsche und Lebensumstände. Zum rechten Zeitpunkt sucht die sich sehnende Seele Ruhe im Schweigen, zum rechten Zeitpunkt erwächst aus der Stille Kraft und Erkenntnis.

Oft ist es das, was wir *Gewissen* nennen, das uns ins Schweigen führt. Das Gewissen meldet sich schweigend zu Wort. Sein Ruf kommt aus der Tiefe, die hinter allen Vordergründigkeiten, allen Vorgeblichkeiten, allem Selbstbetrug liegt. Es will uns aus der Oberfläche in die Tiefe holen, wo Schweigen wartet, der Raum zur Bewußtwerdung.

Das Gewissen mahnt die Stille an. Wo alle Vernunft scheitert, dringt seine Stimme immer wieder durch. Als seinen Sehnsuchtsruf hat Gott uns das Gewissen in die Seele gelegt. Deshalb schweigt es nie, auch wenn es sich schweigend regt. In der Tiefe der Stille, in die uns das Gewissen hineinfordert, scheidet sich Licht vom Dunkel, bricht Klarheit auf für Tun und Nichttun. Aus dieser Tiefe werden wir neugeboren im Geist, erweckt zur rechten Zeit. Der Geist berührt uns im Schweigen, Schweigen geht dem geisterfüllten Tun voraus. Stille und Tun, Kontemplation und Aktion sind so untrennbar miteinander verbunden. Aktives Leben als Gottsuche kann nicht ohne kontemplatives Leben sein, auch wenn beide Lebensformen so unterschiedlich erscheinen mögen. Erst das Schweigen vor Gott führt zu wahrhafter Welt-Begegnung, richtet aus auf die Welt in Offenheit.

Für den mystischen christlichen Weg und jeden Glaubensweg schlechthin bilden die via meditativa und die via activa etwas Zusammengehöriges. Ihr Beieinandersein charakterisiert diesen Weg somit auch als jenseits spiritueller Weltflucht, wie sie allem, was im Dunstkreis von Mystik, Meditation und Kontemplation steht, immer sogleich angeheftet wird. Der Glaube und die Sehnsucht nach dem Himmel, nach dem Letzten, nach Gott, befreien uns nicht aus der Solidarität mit dieser Erde und entlasten uns nicht von der Notwendigkeit und Dringlichkeit des Tuns, um der Gerechtigkeit Gottes schon hier auf Erden willen. Im Gegenteil. Sie stellen uns in die Verantwortung des Tuns, in den Auftrag, teilzuhaben an der Aktion, heilend und befreiend im Schöpfungsprozeß zu wirken. Die Stille führt somit in die Theonomie, zu einer unmittelbaren Gottes-Zuwendung in den wesentlichen Äußerungsformen des Lebens.

Der Umstand, daß wir Aktion und Kontemplation als zwei Pole einer Grundhaltung der Lebensgestaltung sehen, sollte nicht dazu verleiten, beide – auch wenn sie eins sind – in ihrer Wesenhaftigkeit doch voneinander zu trennen. So ist die Kontemplation selbst kein bloßes Nichttun. Mag es auch paradox klingen, Kontemplation ist Tun des Höchsten, ist Bewegung der Seele auf Gott zu; sie nähert sich vollkommener Tätigkeit. Und auch das, was wir Aktion, Kampf oder das Tun nennen, steckt voller kontemplativer Haltung, wenn es aus dem Schweigen geboren wurde.

»Leer werden für Gott, das ist nicht Müßiggang, nein, es ist die wichtigste aller Beschäftigungen.« (Bernhard von Clairvaux)

»Wir läuten lieber die hohltönende Glocke der Selbstsucht, als die Stille in uns aufzunehmen, die die Welt umfängt, die Stille, die über aller Ruhelosigkeit und Lebensangst schwebt, jene geheimnisvolle Stille, die unserer Geburt vorangeht und unserem Tod folgt. Die eitle Selbstliebe bringt uns aus dem Rhythmus der zarten Melodie der auf Erlösung wartenden Natur, der um Erlösung ringenden Menschheit. Ist nicht das Lauschen auf den Pulsschlag des Wunders wert, daß man schweigt und aufhört, sich selbst zu bestätigen? Warum geben wir nicht eine Stunde unseres Lebens hin für die Anbetung Gottes, indem wir uns der Stille ausliefern? Wir leben am Rande des Mysteriums und wollen es nicht wahrhaben, verlieren unsere Seele und gefährden unseren Anteil an der Welt Gottes.«[1]

Stille und Schweigen heute sehen sich mit Geringschätzung konfrontiert. Lärm, Klangteppiche und das ununterbrochene Rauschen aus den Klang- und Bilderapparaten begleiten eine Gesellschaft, die bemüht ist, sich von sich selbst abzulenken, ihre Angst, Unsicherheit und Orientierungslosigkeit zu überdecken. Lärmend soll vergessen werden – auch, daß wir aus der Stille kommen und in sie wieder zurückkehren werden.

Schon immer gab es Klang und Töne, zu allen Zeiten des Menschengeschlechts, gar um Menschen zu foltern und zu töten; denn ohne Stille – zumindest die der Nacht – gehen wir zugrunde. Schon immer war die Existenz von Ton und Klang mit Beeinflussung verbunden, nicht nur der Emotionen. Doch noch nie gab es eine vergleichbare akustische Glocke, noch nie existierten Musik und Ton als Volksdroge von solcher Dimension wie gegenwärtig[2].

Wahre Stille konfrontiert uns mit Ängsten. Denn treten wir in sie ein und lassen hinter uns, was uns ablenkt von uns selbst, sehen wir uns wie wir sind – und das ist nicht immer ein angenehmer Anblick. Der Lärm der Welt stammt, so betrachtet, immer auch aus unserer Angst vor der Erfahrungsgewißheit, die in der Stille lauert. Der Lärm siegt da, wo wir der Stille – bewußt oder unbewußt nicht gewachsen scheinen. Es mag entgegnet werden, daß der Klang vom Leben zeugt und die Langeweile vertreibe. Doch meint Langeweile in diesem Kontext nicht vielmehr, den Anforderungen auszuweichen, die die Stille aufrichtet? Und Leben – nehmen wir das überhaupt wahr, wenn Tonkonserven und Gerede uns allgegenwärtig umnebeln? Gleichwohl rufen Menschen nach der Stille, nach Ruhe – allenthalben. Doch ist sie als Gelegenheit vorhanden, geht zumeist die erste Regung zum Knopf des Apparats oder zum Griff des Telefonhörers. Ein

weltweit wirkender industrieller Komplex der Herstellung und Verbreitung von Tönen konnte auf dieser Bereitschaft zur Vertreibung der Stille sein Imperium errichten.
Stille und Schweigen werden auch in großen Teilen des volkskirchlichen Raumes geringgeschätzt. Man redet lieber, überredet die Unsicherheit, läßt Gott lieber nicht an sich heran. Gottesdienst und Kirchenveranstaltung – das ist zu einem von Stille entzauberten Raum geworden, das ist Programm, das nicht unterbrochen werden darf durch den Einbruch des Schweigens in das Reden. Wer kann umgehen von den Gläubigen mit Stille inmitten der Liturgie? Wo konnte das gelernt werden? Welche Pastoren haben die Kunst des Schweigens noch erlernt, verbunden mit der Befähigung, diese Kunst auch andere zu lehren? Doch ohne Schweigen wächst kein geisterfülltes Wort und bereitet sich kein Boden für die Aufnahme geistigen Wortes.

1. Nur der Schweigende hört

»Wenn in einem Menschen der Lärm des Fleisches schwiege, und es schwiegen auch die Erinnerungsbilder von Erde, Wasser und Luft, es schwiegen des Himmels Pole, wenn auch die Seele vor sich schwiege und selbstvergessen über sich hinauseilte, wenn die Träume schwiegen und alles, was man sich einbilden und erdichten mag, wenn jede Zunge und jedes Zeichen und was irgend entsteht und vergeht, wenn einem Menschen dies alles gänzlich schwiege ... und nun lauschend das Ohr dem zuwendete, der es erschuf, und wenn dann er allein spräche, nicht durch diese Dinge, sondern durch sich selbst ... und wenn wir ihn selbst, den wir in alledem lieben, ohne alldies hörten ... und wenn dies Dauer hätte ... wäre dann nicht erfüllt, was verheißen ist: ›Gehe ein zu deines Herren Freude?‹« (Augustinus)

Dem Schweigen vor Gott hat die Christenheit den Namen *Kontemplation* gegeben. Mit (con) dem Heiligsten (templum) eins werden, so läßt sich die Kernbedeutung dieses Begriffs ausdrükken. Wir können auch von der erstrebten Vereinigung mit dem Urgrund allen Seins sprechen, dem wir durch Gottes Gnade auf dem Grund unseres eigenen Wesens begegnen. Der kontemplative Mensch läßt sich ganz ein in den Grund aller Gründe, wendet sich ihm zu in innerer Schau der Mysterien des Göttlichen. In der inneren Beschauung offenbaren sich tiefste Geheimnisse des Seins und des Glaubens, geschieht Teilhabe. In der orthodoxen Christenheit gab man dem kontemplativen Weg den Namen Hesychasmus. Das griechische Wort »hesychia« meint sowohl »sitzen« aber auch »in Ruhe sein«. Der Hesychast sucht die Ruhe, um eins zu werden mit Gott. Gregor Palamas (1296-1359), Erzbischof von Thessalonich und zuvor Mönch auf dem Athos, durch den der Hesychasmus seine theologische Begründung erfuhr, sagte über die Hesychia, die Kontemplation:

»Hesychia ist Stillesein des Geistes und der Welt, Vergessen des Niedrigen, geheimnisvolles Erkennen des Höheren, das Hingeben der Gedanken an etwas Besseres, als sie selber sind. So schauen die, die ihr Herz durch solches heiliges Schweigen (Hesychia) gereinigt und sich auf unaussprechliche Weise mit dem alles Denken und Erkennen übersteigenden Lichte vereinigt haben, Gott in sich selbst wie in einem Spiegel.«[4]

Alle Welt schweige in der Gegenwart des Herrn, ermahnt der Prophet Sacharja das Volk Israel (2,17). Ja, wir können uns Gott nicht nähern ohne Stille und tiefes Schweigen. Nur das Schweigen ist der Größe Gottes angemessen, Schweigen ist die Sprache zwischen Mensch und Gott. Worte lassen sich nur aus über das Unsagbare, zeigen nur die Unsagbarkeit des Unaussprechlichen. Im Schweigen schwingt die Stimme Gottes, und nur der Schweigende hört. Er gibt sich hin ohne Erwartungen, ohne Wertungen, ohne Regungen der Gefühle. Der Erfahrungs- und Demutsweg des Schweigens liegt weit abseits einer Theologisierung und Intellektualisierung der Religion, welche wiederum zwangsläufig auftrat mit der Verdrängung des Schweigens aus dem Zentrum des christlichen Lebens.

In der Kontemplation finden wir zu der innersten und innigsten Weise des Betens, zu der innersten und innigsten Weise der Bejahung Gottes und seiner Schöpfung. Der Metropolit Anthony: »Man wird nie imstande sein, wirklich und aus ganzem Herzen zu Gott zu beten, wenn man nicht lernt, zu schweigen und sich an dem Wunder seiner Gegenwart zu erfreuen oder, anders gesagt, glücklich zu sein über das Wunder des Zusammenseins mit ihm, obgleich man ihn nicht sieht.«[5]

Und Antoine de Saint Exupéry schrieb:

»Ich ahnte, daß das Erlernen des Gebets im Erlernen des Schweigens besteht, und daß dort erst die Liebe beginnt, wo kein Geschenk mehr zu erwarten ist. Die Liebe ist vor allem Übung des Gebets und das Gebet Übung des Schweigens.«[6]

Wie sehr müssen wir an uns arbeiten, um dieses Verständnis des Betens (wieder) zu erlangen. Gott nicht zureden mit unseren

Erwartungen, Hoffnungen und Ängsten, mit all dem, was der himmlische Vater doch sowieso weiß, wie uns Jesus lehrt; sondern dem Göttlichen »die Chance lassen« daß es uns erreicht, berühren kann. In der Kontemplation als Gebet bereiten wir uns in einer Haltung reinen hinnehmenden Empfangens, wohl wissend, daß das, was wir empfangen, in direktem Verhältnis zur Haltung des Empfangenden steht[7]. Schweigen ist die Weise, mit dem Göttlichen zu kommunizieren. Das heilige Schweigen , geboren aus der heiligen Sehnsucht, ist Kommunikation mit Gott.
»... nahe dich als geistiges Wesen dem absoluten Geist, dann wirst du es erfassen.« (Enagrios Pantikos, ca. 345 – ca. 399)[8] In der Kontemplation bekennen wir uns trotz aller Körperlichkeit dazu, Geistwesen zu sein. Der Kontemplative ringt um die Verwirklichung des Jesus-Gebots:
Gott ist Geist und alle, die ihn anbeten, müssen ihn im Geist und in der Wahrheit anbeten. (Johannes 4,24)
Im Geist zu leben, heißt, sich den Bemühungen aus der geistigen Welt zu öffnen. Durch die Einkehr des Geistes im Menschen inkarniert sich das Göttliche, erfüllt es das Herz des Schweigenden. Durch den Geist erfahren wir den Glauben in seiner ganzen Tiefe, der Geist vervollkommnet die Seele.

Schweigen ist nicht gleich Schweigen

Das bloße Schweigen führt noch nicht zur Kontemplation. Ein Schweigen, das aus Betroffenheit, Unsicherheit, Angst, Scham, Müdigkeit, Unwissenheit, Taktik, Wut oder auch Trotz resultiert – solches Schweigen etwa geschieht aus den Erfahrungen eines Mangels.
Kontemplation steht aber auch nicht für das Schweigen, das mit einer erwarteten oder eingetretenen Fülle einhergeht; etwa von einem gewaltigen Gewitter, im Angesicht einer verzaubernden Landschaft, eines faszinierenden Menschen, eines überwältigenden Kunstwerks oder in der gegenseitigen wortlosen Zuwendung

der Liebenden. Gewiß, dieses Schweigen hat seinen Wert, und es hat seine Schönheit – mehr als jedes Wort, das in seiner Unmittelbarkeit nur zerstören kann, was doch alle Sinne fordert. Dieses Schweigen erfüllt uns, weil wir erfüllt sind von Glück, Bewunderung, Staunen, Ergriffenheit. Dieses Schweigen läßt uns selbst innerlich verstummen, denn welcher Gedanke könnte dem Eindruck des Augenblicks standhalten. Doch auch solches Schweigen bleibt gebunden an die äußere Welt, trägt immer momenthaften und vorläufigen Charakter. Allerdings markiert es bereits einen Zwischen- und Schwebezustand, der über sich selbst hinausweist – hin zum Schweigen vor dem, in dem und aus dem alles entspringt. Hans-Jürgen Baden schreibt über dieses Schweigen:

»Auf dem erfüllten Schweigen liegt zwar der Glanz der Vollkommenheit, aber es ist nicht die Vollkommenheit selbst. Das Schweigen führt lediglich an die Grenze der ewigen Stille, es markiert die Stelle, wo die ewige Stille in Erscheinung treten könnte – aber es ist nicht identisch mit ihr und vermag es niemals zu sein. Zwar geschieht das erfüllte Schweigen nicht im Traum, sondern in der Wirklichkeit – aber es ist kein Kontinuum, kein Zustand, auf den wir uns verlassen können. Die Überhöhung des erfüllten Schweigens zum ewigen Schweigen, zum ›Frieden, der höher ist als alle Vernunft‹ – diese Überhöhung erfolgt nicht mehr durch uns selbst.«[9]

Diese Erhöhung des erfüllten Schweigens ereignet sich nur, wenn es auf den Raum des Göttlichen bezogen wird und Gottes Geist die Führung erhält. Jenes Schweigen ist ein Gnadengeschenk. Zu ihm vermag der Mensch sich lediglich zu bereiten, indem er sich stumm und wortlos für das öffnet, was auf ihn wartet. Für jenes kontemplative Schweigen gilt somit auch die Unterscheidung von allen Übungen der Ruhe und Gelassenheit, die uns zunächst stillstellen wollen (und sollen) inmitten der äußeren und inneren Unruhe. Auch über sie geht die Kontemplation hinaus, genau wie über das Meditieren einer Frage oder eines Problems, welche wir gleichsam ins Schweigen einschließen, um ihre Dimensionen und ihre ganze Tiefe zu erfahren. Sie geht hinaus über das schweigende Vertrautwerden mit einer Idee, die sich auf dem Boden des Schweigens in aller Pracht zu entfalten vermag. Und sie geht hinaus über die Vereinigung des Meditierenden mit dem von ihm Erdachten. Denn Gott kann nicht erdacht, nur erfahren werden, und für die Bereitung zu dieser Erfahrung braucht es das reine Schweigen. Die meditative Zuwendung zu Frage, Problem, Idee und Symbol wird durch diese Unterscheidung nicht entwertet, ja sie hat ihren edlen Eigenwert und kann, wie wir später noch sehen werden, auch einen wichtigen vorbereitenden Schritt zum Finden des reinen Schweigens darstellen. Kontemplation jedoch ist der Weg der Annäherung an das nicht Faßbare, der Weg der erstrebten Vereinigung mit dem Unfaßbaren im reinen Geist.

Wo Kontemplation als das reine Schweigen vor Gott und in Gott erfahren wird, wertet sie in der Folge auch alle Vorstufen auf. Aus ihrer Erfahrung heraus gelangen das momenthafte, erfüllte Schweigen im Alltag, gelangt die tiefe körperliche Ruhe, gelangt die Versunkenheit in Wort, Symbol, Bild und Idee zu ihrer ganzen Wesensfülle. Wir erleben die Welt, in der wir leben, vom Göttlichen her. Aus der Erfahrung der Kontemplation heraus werden wir in unserer Wesensmitte getroffen – unspektakulär und unbemerkt zunächst, vielmehr durch langsamen Wandel allen Denkens, Fühlens, Tuns. Aus der Kontemplation heraus verwandelt sich die bloße Weltzugewandtheit in ein Leben als Gebet.

Angelus Silesius:

> »Halt an, wo läuft du hin?
> Der Himmel ist in dir;
> Suchst du Gott anderswo,
> du fehlst ihn für und für.
>
> Mensch, so du wissen willst,
> was redlich beten heißt,
> so geh in dich hinein
> und frage Gottes Geist.

Wer in sich über sich
in Gott verreisen kann,
der betet Gott im Geist
und in der Wahrheit an.

Gott ist so über all's
daß man nichts sprechen kann,
drum betest du ihn auch
mit Schweigen besser an.«[10]

Pulsschlag der Unendlichkeit

»In einer dunklen Nacht,
die Liebesglut – o glückliches Geschehen! –
zum Sehnsuchtsbrand entfacht,
entfloh ich ungesehn
und ließ mein Haus schon tief in Ruhe stehen...

Sollt' niemand meiner achten
in dieser Segensnacht; auch wollte ich
mir selbst kein Ding betrachten;
nichts andres führte mich,
als nur mein Licht im Herzen innerlich.

Dies hat mich hingeleitet,
viel sich'rer als das volle Licht am Tage,
wo er sich mir bereitet,
zu dem ich Liebe trage;
und kein Geschöpf uns dort zu stören wage.«

(Johannes vom Kreuz)[11]

In der Tiefe der Kontemplation liegt nur noch Sehnsucht, brennendes Verlangen nach Gott. Wenn wir die Sehnsucht des Menschen als Reflex auf die Sehnsucht Gottes verstanden haben, so können wir nun sagen: Kontemplation ist in ihrer Frage nach dem Letzten zugleich Antwort auf die Berührung durch Gottes Geist. In der Kontemplation verschmelzen beide Sehnsuchtsdimensionen: die des Göttlichen nach dem Geistwesen Mensch und die des Menschen nach dem Göttlichen. Die Sehnsucht des Kontemplativen wird in diesem Feuer der Verschmelzung noch weiter entfacht, unaufhaltsam. Wortlos, allenfalls im Klang des anrufenden *Du,* teilt sie sich der Nacht des Schweigens mit.

Das sehnsuchtsvolle Schweigen als Antwort auf die Sehnsucht Gottes und als Reflex auf seine Berührung nimmt uns hinein in das Schweigen der göttlichen Welt, läßt uns in dieser Zeit eins werden mit dem Pulsschlag der Unendlichkeit, mit der überzeitlichen Stille des Universums, die alles gebiert. Für den Moment werden wir befreit aus dem ansonsten zeitlebens unentrinnbaren Zeitschicksal, haben wir teil an der nur in Stille erfahrbaren Unsterblichkeit. In der Kontemplation widerstehen wir der Zeit, sind wir ganz im Jetzt, für das es kein früher oder später gibt, sondern nur Unmittelbarkeit. Unmittelbar kann alles sich zeigen; der Moment tiefsten Schweigens vor und in Gott kann alles enthalten. In seiner Unendlichkeit zeigt sich Gott als Gott der Gegenwart, der uns so nimmt, wie er uns im Schweigen findet und der in die Stille hinein sein ewiges »Wort« legt. Solchermaßen erweckt, erhält auch die profane Stunde neues Gewicht als Widerspiegelung des Ganzen, als Lebensstunde, die für das Ganze zu stehen vermag.

Für die Wahrnehmung des *Kairos* hatten wir die Unterbrechung der Bewegung, das Durchbrechen von Routinen als notwendig erklärt. Kontemplation ist solche Unterbrechung. Aus ihr heraus erst erschließt sich die Fülle des Augenblicks, der Gehalt der rechten Stunde. Denn die Erfahrung des mystischen Moments, welcher im Augenblick ruht und die Erfahrung der Kontemplation sind wesenseins. Beiden eigen ist auch die Sprachlosigkeit, die

Unsagbarkeit, die Ferne von Rationalität. Und beide leben aus der Ich-Vergessenheit und Selbst-Überwindung. In beiden verlieren sich unsere Probleme zu dem, was sie sind – ein Windhauch, wie Kohelet sagt, ein Windhauch.

Die Kontemplation hat hinsichtlich des schweigenden Menschen in Beziehung zu seiner Umwelt und zu sich selbst etwas von einem außergewöhnlichen metereologischen Phänomen: Dem Auge des Taifuns, auch das Auge der Zyklone genannt. Dieses »Auge« liegt im Zentrum eines Hurricanes und zeichnet sich bei aller unglaublichen chaotischen und tosenden Umwelt durch relative Ruhe aus. Schwache Winde und wolkenfreier oder nur dünn bewölkter Himmel »ruhen« inmitten des Sturms. Von den Seefahrern wird das Auge der Zyklone gefürchtet, denn die dort aus verschiedenen Richtungen zusammentreffenden Wogen sind in der Lage, jedes Schiff zu zerstören. Auch dies gilt ja für den Weg der Kontemplation. Sie »zerstört« den alten Menschen, die alte Eva, den alten Adam. Aber der von ihr getroffene Mensch – und hier liegt der Unterschied zu dem Bild von dem Taifun – geht nicht unter, ertrinkt nicht. Vielmehr ersteht er, gereinigt von Grund auf, zu neuem Sein.

Im Einklang mit der Schöpfung

»Das Schweigen ist unser schützendes Symbolon gegen die Götter und Engel des Getriebes: unsere Hut wider seine Irrgänge, unsere Reinigung wider seine Unreinheit. Wir schweigen das Erlebnis, und es ist ein Stern, der die Bahn wandelt. Wir reden es, und es ist hingeworfen unter die Tritte des Marktes. Wir sind dem Herrn stille, da macht er Wohnung bei uns; wir sagen Herr, Herr, da haben wir ihn verloren. Aber so gerade ist es mit uns: wir müssen reden. Und unsere Rede wölbt einen Himmel über uns, über uns und die anderen einen Himmel: Dichtung, Liebe, Zukunft. Aber eines ist nicht unter diesem Himmel; das Eine, das not tut.« (Martin Buber)[12]

Schutz und Reinigung ist uns das Schweigen; Reinigung von dem, was uns umtreibt und den Blick auf das Eine, das not tut, verbaut. Liegt darin nicht viel von dem, was Jesus erwartet, wenn er fordert, arm im Geist zu werden (Matthäus 5,3) und zu werden wie die Kinder (Matthäus 18,3)? Die Unschuld der Kinder liegt in ihrem Nichtwissen; und zwar im nicht Wissen all dessen, was uns zu Gedanken, Gefühlen und Handlungen treibt, die uns von Gott und von einem reinen Glauben an die göttliche Welt entfernen. Doch solche Unschuld ist dem erwachsen werdenden Menschen nicht für immer verloren. Er kann über alles Erlernte und Erfahrene hinaus zu ihr zurückfinden, sobald er die Einsicht erfahren durfte, daß hinsichtlich des Numinosen keinerlei Lehrmeinungen Gewicht haben sondern nur erwartungsvolle, demutshafte Offenheit und Einfachheit. Gott teilt sich jedem Menschen anders mit. Dogmen und religiöse/theologische Lehrgebäude sind deswegen nicht leeres Stroh. Sie können dem Suchenden auf die Sprünge helfen. Als Ordnungs- und Sortierhilfen und als Geh-Hilfen kann man sie schätzen. Doch im Letzten kann das Letzte und Ungewußte nicht geordnet werden, erleichtern die Geh-Hilfen zwar den nächsten mühsamen Schritt, doch sie ermöglichen nicht, zu fliegen.

Im Schweigen vor Gott vermögen wir abzustreifen, was unser Denken kolonialisiert. Im Schweigen vor Gott kann neue Unschuld entstehen. Aus dem Schweigen vor Gott wächst die Fähigkeit, zu staunen. In ihm liegt Gelassenheit gegenüber der Unmöglichkeit, alles zu begreifen, gegenüber dem Geheimnishaften des Universums, gegenüber dem Scheitern der Machbarkeit. Hier ist es uns vergönnt, fast heiter dem seinen Lauf zu lassen, was seine eigene Bewegung hat.

Der äußerlich und innerlich wahrhaft schweigende Mensch betritt in neuer Unschuld den Raum zu seinem eigenen Wesen und zur ganzen Schöpfung.

Durch die aus der Kontemplation in den Alltag mithineingenommene kontemplative Haltung läßt sich die Erde täglich neu erfahren, der Kosmos täglich neu erahnen, das Mysterium der

Schönheit des Lebens täglich neu bewundern. Die kontemplative Haltung ist Demutshaltung gegenüber dem Geschaffenen und Ausdruck der Dankbarkeit zugleich. Als Charakterzug trägt sie Sanftmut im Geist der Bewahrung und Pflege. Empfindsamkeit begleitet den kontemplativen Menschen. Im Kleinen und im Mikrokosmos nimmt er das Universum wahr, spürt er, daß alles mit allem verbunden ist und keine Verletzung folgenlos bleibt. Sich im Schweigen dem Göttlichen auszusetzen und die Haltung des Empfangenden mit in die Tagesordnung dieser Welt zu nehmen, macht zugleich verwundbar und hält verwundbar. Denn dem gereinigten Auge der Seele tritt alle Wirklichkeit klarer und schärfer gegenüber, damit aber auch polarisierter und oft sogar brutaler, härter, unversöhnlicher. In der Verwundbarkeit jedoch liegt die Voraussetzung zum ungeschönten Erkennen. Solange wir auf dieser Erde leben, der verwundeten und verwundenden, gehört es zu unserem Auftrag, uns selbst verwundbar zu halten. Ohne Verwundbarkeit in einer unerlösten Welt erkaltet die Seele, und aus der Sehnsucht wird pure Gier nach dem angeblich letzten Licht. Das Licht aber, das sich dann zeigt, ist das Licht des gefallenen Engels, das der Verbannung. Nur der Verwundbare hört den kosmischen Erlösungsschrei an diesem kosmischen Karfreitag.

Das schweigende Vernehmen der Wirklichkeit, der Einklang mit dem Atem der Wirklichkeit stärkt den suchenden Menschen somit und schenkt ihm Kraft und Gelassenheit in Demut. Auch macht es ihn transparent und durchlässig für all das, was Leben anderem Leben anzutun in der Lage ist. Auf dem kontemplativen Weg wartet nicht nur Freude.

2. Vor dem Brunnen liegt die Wüste

»Sei still sprach ich zu meiner Seele,
und lasse das Dunkel über dich kommen,
das das Dunkel Gottes sein wird.«

(T.S. Eliot)[13]

Wer in das Schweigen geht, der erfährt zunächst Ruhe und wohltuende Entspannung. Wer im Schweigen bleibt, trifft auf die Stürme, die in seinem Herzen toben, trifft auf alle Dimensionen seines selbst. Wer sich selbst im fortwährenden Aufsuchen des Schweigens nicht aus dem Weg geht, erlebt Reinigung und Wandlung. Und wer dann noch weiterhin das Schweigen nicht aufgibt, findet das wahre Schweigen. Es gibt keinen Schnellkurs der Kontemplation, keinen Fast-Food-Weg. Auch ist allen Schulen der Kontemplation zu mißtrauen, die mit der Aussicht auf spirituelle »Erlebnisse« werben und so die vom wesentlichen nur ablenkende Gier nach spirituellen Erfahrungen, nach spirituellem »Reichtum« anfachen. Kontemplative Erfahrung, so lehrt etwa der deutsche Mystiker Johannes Tauler, gipfelt in Nicht-Erfahrung; mystisches Licht erscheint dem Suchenden als Finsternis[14]. Oft stoßen wir in Texten zur Mystik hinsichtlich der Leere, die den Schweigenden erwartet, auf das Wort »Nichts«. Doch dieses Wort scheint fehl am Platze. Nicht-Erfahrung meint nicht »Nichts«. Das sogenannte Nichts ist kein eigentliches. Es ist bloßer Ausdruck unerfüllter Erwartung, nicht beantworteter Sehnsucht. Der Begriff »Nichts« drückt nicht mehr als eine Gedankenkonstruktion aus. »Nichts« gibt es nicht. Immer ist etwas, und sei es die unergründliche Leere. Kein Suchender findet »Nichts«. Er trifft allenfalls auf anderes als er erwartet hatte. Und auch bei seiner Ohnmacht, die er erkennen muß, weil Gott sich nicht zwingen läßt, handelt es sich nicht um »Nichts«; geht Ohnmacht doch dem Erkennen voraus, dem Erkennen, das uns geschenkt wird, dem Erkennen der göttlichen Gnade.

Das Schweigen Gottes

Allem Voranschreiten auf dem kontemplativen Weg geht das Schweigen Gottes voraus. Sein Schweigen wirft uns auf uns selbst zurück, auf unsere Schuld, unsere Erwartungen, unser Wollen. Es bringt hervor, was wir sonst nie wahrgenommen hätten. Und an dieser Wahrnehmung kommen wir nicht vorbei. Sie ist unvermeidbar. Erst im Zweifel, selbst an Gott und seiner Existenz als Folge der dunklen Nächte des Schweigen Gottes – erst in diesem Zweifel und durch ihn hindurch erfahren wir wirklichen Glauben, wächst Gewißheit aus dem Dunkel und dem niedergerungenen alten Adam.

Schweigt Gott in seinem Schweigen denn wirklich?
In seinem letzten Wesensgrund müssen wir diese Frage verneinen. Gott hat sein Schweigen durchbrochen und bricht es weiter durch das Wort, den Logos, der Fleisch wurde. Dorthin kann jeder zurück, kann jeder voran, der das als unerträglich empfundene »Schweigen« Gottes nicht erträgt.
Gott durchbricht sein Schweigen aber auch durch seinen Geist, der alles, auch den Suchenden berührt. So wie über das »Nichts« ist auch das Lamentieren über den schweigenden Gott unangebracht. Ist nicht die Tatsache der Suchbewegung selbst und der Bereitung im Schweigen schon Lebenszeichen genug für die Wirkkräfte des Geistes? Wer sonst als sein Geist zieht uns ins Schweigen und macht es damit *zur Antwort Gottes auf unsere Sehnsucht* ...
Vom sogenannten »Nichts« und dem sogenannten »Schweigen« Gottes unterscheiden wir die kontemplative Leere. Unsere Seele gleicht normalerweise einem aufgewühlten See mit unruhigen Wogen, die von wechselnden Winden der Gedanken, Gefühle,

Ängste und Erwartungen vorangetrieben werden. Soll das Wasser glatt sein, ruhig und klar, transparent, um bis auf den Grund zu blicken, müssen die Winde schweigen.
Unsere Seele gleicht auch einem vollgestellten Zimmer. Will ich es von Grund auf re-novieren, muß ich es zunächst völlig leerräumen. Erst wenn alles seinen angestammten Platz verloren hat, entstehen die Bewegungsfreiheit und die Freiheit des Blicks, aus denen heraus sich zeigen wird, was bewahrt, was gewandelt, was verworfen wird. Die Seele des Gottsuchenden reift nicht durch Anhäufung sondern durch Aufgabe, nicht durch Zugreifen sondern durch Abstand nehmen und loslassen. Wo Bilder zerbrochen, Worte und Vorstellungen beiseite gelegt sind, entfaltet sich in Leere der Raum, den Gott füllen will. Im leergewordenen Schweigen, leer auch von Wollen und leer von Erwartungen, äußerlich und innerlich gesammelt vor dem nicht zu Denkenden, hingewendet ganz zu der uns noch unbekannten göttlichen Welt – in solcher Leere werden wir getragen durch die Fülle der Hoffnung und der Sehnsucht, die gleichzeitig anwachsen.
Manche Menschen, die den kontemplativen Weg beginnen wollen, haben große Schwierigkeiten, weil sie an der Vorgabe zu verzweifeln drohen, die ihnen Leere um der Leere willen abfordern. Doch um Leere um der Leere willen geht es nicht! Die Leere, von der wir hier sprechen, wäre mißverstanden, würde sie gedeutet als zweckfreies in sich Ruhen, als ein Verharren in ruhender Stille ohne Zielpunkt. Mag es auch Formen der Meditation geben, die genau dies anstreben, so wäre es doch unangemessen, dafür das Wort Kontemplation zu gebrauchen.
Trotz aller Befreiung von dem, was unser Herz, unser Verstand und unsere Seele besetzt, bleibt der Wesensantrieb der Kontemplation die Sehnsucht und die Suche. Ich gebe mich frei in Bereitung für das »Andere«. Diese Leere also meint Errichtung des Sehnsuchtsraumes. Ihr ist ein Antrieb eigen, ein Entgegenwachsen. Ich gebe mich Gott hin, erbitte seine Gegenwärtigkeit und seine Antwort auf mein Schweigen – komme dann, was da wolle.

Konfrontation mit dem Selbst

»Gott sprach zu Jakob: zieh nach Bet-El hinauf, und laß dich dort nieder. Errichte dort einen Altar ... Dann sagte Jakob zu seinem Haus und zu allen, die zu ihm gehörten: Entfernt die fremden Götter aus eurer Mitte, reinigt euch, und wechselt eure Kleider. Wir wollen uns aufmachen und nach Bet-El hinaufziehen.« (Genesis 35, 1-3)

Falsches ablegen, uns reinigen, die Kleider wechseln ... das steht vor dem Aufstieg auf den Berg, wo Gott uns begegnen will. Im Leer-Werden und in der Erfahrung des Nicht-Handelns in Geist und Regung liegen Reinigung und Befreiung. Doch die Hindernisse scheinen oft unüberwindlich. Äußere Dinge aufzugeben bzw. eine Haltung zu erlangen, in der ich innerlich befreit bin von der Macht des Haben-Wollens, des Behalten-Wollens, der Genußsucht – darin besteht nicht das Problem. Hier reichen normalerweise Einsicht und Disziplin. Doch bei Gefühlen, Ängsten, Aggressionen und negativen libidinösen Energien sind wir auf Gottes Hilfe und Führung mit angewiesen[15]. Denn da begegnen wir uns selbst, auf einem schmalen Weg. In der Konfrontation mit unserem Selbst, mit dem, was wir sind und waren, in Körper, Seele und Geist, treffen wir Schatten, unsere dunklen Seiten, all das, was wir an uns selbst verachten oder doch zumindest in Frage stellen. Diese Begegnung verläuft nicht ohne Schmerz, gleichwohl ist sie unvermeidbar und notwendig. Nur wenn *ich* mich mit allen Seiten als eins erfahren habe, kann ich mich dem Wesen allen Seins zuwenden. Schmerz kann sich dann wandeln in Klarheit.

Hier arbeiten wir uns somit selbst entgegen, unserem verstrickten Alltags-Ich, das uns in Gewohnheit hält und fesselt. Hier sehen wir uns mit einem Entweder-Oder konfrontiert, das kein Dazwischen zuläßt. Hier sind für den Schweigenden Krisen unvermeidbar, hier lassen sich keine Sicherungshebel einbauen. Doch jede Krise bringt dem Wesen des Ich und der suchenden Seele näher.

Wer sich selbst entgegenarbeitet, stirbt zu sich selbst – stirbt zu seinem eigentlichen Wesen hin. Er verliert sein Leben, um es zu gewinnen (Markus 8,35).
Karlfried Graf Dürckheim:
»Ohne Entwerden kein Neuwerden, ohne Sterben kein neues Leben. Das Sterben bezieht sich auf die jeweils gewordene Form. Das jeweils Gewordene ist der Widersacher des Ungewordenen, auf dessen Werden es aber beim nächsten Schritt ankommt. Wo immer der Mensch sich in einer glücklich gewonnenen Position beruhigt, ist sein Werden aus dem Wesen in Gefahr.«[16]
Solches Sterben, um zu werden, bedeutet fortwährenden Kampf; Kampf von Geist, Seele und Körper, Kampf mit dem, was uns wahrhaft eingefleischt ist, Kampf mit einem auch zu unserem Wesen gehörenden Widerstand gegen Wandlung.
Es gibt kein wirkliches Schweigen ohne Selbsthingabe.
Nur so geschieht Reinigung. Unsere Masken und Geltung-en werden verbrannt, was wir erreicht zu haben glauben wird getilgt, es steht in Frage, was wir vorgeben, in dieser Welt zu sein. Wie in der Geschichte von des Kaisers neuen Kleidern sehen wir uns – genau betrachtet – nackt auf der Promenade dieser Welt.
Das wahre Schweigen zerbricht auch unsere Gottesbilder; und zwar nicht nur die, welche in ihrer anthropozentrischen Enge nichts anderes zu denken imstande sind als himmlische Paläste, himmlische Throne mit Sitzordnungen, umgeben von himmlischen Chören. Nein, es löst auch eine Christus-Vorstellung auf, die Christus fassen will und einpassen in greifbare Gestalt.

Das Schweigen Jesu

Alle Momente des Schweigens vor Gott, in Gott und aus dem Göttlichen heraus finden wir im Leben Jesu.
Wir kennen den Weg von Jesus als den Weg voller Wunder, als einen Weg der Heilungen, einen Weg des unüberbietbaren prophetischen Wortes, einen Weg der Ermahnung und einen Weg

des Trostes. Schließlich kennen wir ihn als einen Weg des Leids. Wenig aber sagt uns das Neue Testament über die zweite Seite dieses Weges, auf der die Voraussetzungen zu allem Tun des Mannes aus Nazareth geschaffen wurden.
Doch, wenn wir genauer hinschauen, dann finden wir Anzeichen für diese zweite Seite, für die Zeit, die Jesus im Schweigen verbracht hat, in der Stille, in der Einsamkeit. Vor allen großen Taten, vor allen bedeutsamen Entscheidungen suchte er die Einsamkeit auf, um sich in Stille und Gebet zu rüsten. Und anschließend zog es ihn wieder in die Stille zurück. Die Zeit der Einsamkeit und der Stille im Leben Jesu ist die Zeit der Klärung, der Vorbereitung; es ist auch die Zeit des Durchstehens von Versuchungen (Matthäus 4, 1-11). Es ist die Zeit der Öffnung gegenüber dem Geist des Vaters, die Zeit des Dialogs mit dem Vater, die Zeit des Betens aus der Kraft der Stille. Stille und Alleinsein begleiten ihn schließlich auch in der entscheidenden Nacht in Gethsemane. In der Stille treten die Engel ihm zur Seite und stützen ihn.
Die Stille, das Schweigen – sie sind ein Teil des Göttlichen. Das zeigt uns Gottes Sohn. Er lebt damit vor, was bereits die Schöpfungsgeschichte zum Ausdruck bringt, nämlich in der Bedeutung des siebten Tages: Nicht der Mensch ist die letzte Vollendung der Schöpfung Gottes schlechthin, sondern Schöpfung erfährt ihren Abschluß, ihre Vollendung in der Ruhe. Immer wieder also schwieg Jesus. Das Schweigen bereitete seine Beziehung zum Vater und es bereitete sein Tun in der Welt vor. Aber wir stoßen auch auf sein Schweigen immer dann, wenn man ihn mißbrauchen wollte, mißverstehen wollte. In solchen Situationen scheint Gott im Menschen Jesus zu schweigen. Er schweigt und spricht im Schweigen und durch das Schweigen von dem Größeren.
Als aber die Hohenpriester und die Ältesten ihn anklagten, gab er keine Antwort. Da sagte Pilatus zu ihm: Hörst du nicht, was sie dir alles vorwerfen? Er aber antwortete ihm auf keine einzige Frage, so daß der Statthalter sehr verwundert war. (Matthäus 27,12-14)

Hans-Jürgen Baden: »Jesus schweigt überall dort, wo man ›religiöses Interesse‹ vorgibt und ihn als Staffage mitverwenden möchte. Sein Schweigen liegt über einer Welt, die an ihre Spiele hingegeben ist und gelegentlich ein wenig metaphysisches ›Bedürfnis‹ heuchelt ... Das Schweigen Jesu schließt eine Bedrohung ein und ein Gericht, das erbarmungslos ist ... Es hängt über der Welt das furchtbare göttliche Wehe – über einer Welt, die sich Gott verschließt und seinen Sohn verachtet oder zu einem Gegenstand religiöser Unterhaltung deklariert. Dieses Wehe aber ist in das Gewand des Schweigens gehüllt. Gerade deswegen, weil man es nicht vernimmt, ist es um so beredter ... Mit dem Schweigen Jesu beginnt das Gericht und wird in ihm bereits vorweggenommen.«[17]

Solches Schweigen in existentieller Situation wird aus dem Schweigen in Kontemplation geboren. Es ist gereinigt vom unnützen und vergeudeten Wort, es hält die Perlen zurück, die jene nicht zu würdigen wissen, die sich an die Spiele der Welt verkauft haben. Das Schweigen Jesu ist das Schweigen des wissenden, das Schweigen aus dem Wissen heraus, wenn Worte versagen und keine Verteidigung mehr nützt. Es gibt wenig höhere Tugend, als im Schweigen anzunehmen, was unausweichlich ist und schweigend hinzunehmen, wo Worte nichts mehr ändern können. Der Weg des kontemplativen Menschen weitet sich mit zunehmender Wegstrecke zu Gott hin. Und er wird schmäler für die Schritte auf der Erde. Auch das lehrt uns das Leben Jesu. Mit der Weite in den göttlichen Raum hinein korrespondiert das Entweder-Oder in der Unbedingtheit einer Existenz des allzeitigen Jetzt. Und es erwächst aus diesem Entscheidungshandeln, dem Ringen, Klären und Wachsen in der kontemplativen Zuwendung zu Gott vorausgegangen ist, oft Unerhörtes. Denken wir beispielsweise an den Umgang Jesu mit Judas. Hat Jesus in Judas nicht den Schatten, der auf alles Menschliche fällt, angenommen?

Gerhard Wehr:

»Judas empfängt die Fußwaschung seines Herrn ebenso wie die übrigen Jünger, und er teilt mit ihm den Bissen beim letzten

Abendmahl. Derselbe Brotlaib und derselbe Becher, den der Christus seinen Jüngern darreicht, speist und tränkt auch den Verräter. Das schattenhafte Ich-bin des Judas und das Ich-bin Christi kommunizieren – ein unerhört sakramentaler Vorgang! Die Freundes-Umarmung des Verräters im Garten Gethsemane mutet an wie eine Hervorhebung dieses unbegreiflichen Phänomens.«[18]

Jesus hat in seiner eigenen Versuchungsgeschichte nicht nur den Kampf mit den inneren Anfechtungen durchgestanden, sich, wie sein weiteres Erdenleben zeigt, erfolgreich dem Drang nach Macht und Herrschaft widersetzt; er, der wußte, was im Menschen widerstreitet, konnte auch in aller Konsequenz das Düstere und Dämonische in der konkreten Person des Weggefährten sehen, verstehen und annehmen. In der Tat: Was für ein unerhört sakramentaler Vorgang.

Kontemplation heilt und ist heilig

Im Schweigen wendet sich der Mensch dem unendlichen Anderen, dem ungleich Größeren zu. Das verhilft auch uns zum Wachsen, in aller Regung unseres Geistes, in allem Wollen und Streben und in allem Tun. Die Kontemplation in der Weise reiner und von vordergründigen Interessen befreiten Form richtet den Menschen zu dem auf, was er sein kann; zumindest vermag sie es ihm zu verdeutlichen.

Im Schweigen fallen Trennungen, etwa die zwischen Leid und Glück. Hier wird das anscheinend Widersprüchliche aufgehoben, läßt sich die Einheit erspüren. Es bildet sich Bewußtsein von der Ganzheit des Seins und der Ganzheit des Schicksals in der Ganzheit des Menschen. Und da jeder Mensch eine Ganzheit darstellt, sieht der Kontemplative ab von Vergleichen und Aufrechnungen mit anderen Menschen.

Durch alle Kämpfe, alle Anfechtungen, alle Infragestellungen, alle Ohnmacht hindurch erfährt der Schweigende die liebende

Zuwendung Gottes. Er liegt geborgen in Gottes Hand, herausgenommen aus den Stürmen der Welt. Er erfährt Geistes-Zuwendung in mütterlichem Angenommensein. Die Kontemplation offenbart dem dafür Empfänglichen die mütterliche Seite Gottes in dem, was wir als Zuwendung des Geistes, als Geborgenheit im Geist erfahren[19]. Die *Ruah* – so das weibliche hebräische Wort für Gottes Geist – umgibt mit ihrem Hauch den schweigenden Menschen. Sie läßt ihn Zuhause ankommen. Was für eine Gotteserfahrung inmitten des Alltags ...
Das Schweigen – dies wollten wir verdeutlichen – wandelt und heilt. Nach »innen« hören bringt Heil. Hören ist heil-ig. Es liegt schon nahe am Himmel.

3. Kontemplation – Stationen eines Weges

»Nur wer Gottes Wirken in der Tiefe seiner Seele spürt, eignet sich für das kontemplative Gebet, sonst niemand. Denn ohne Gottes Gnade hat niemand das Gespür dafür und ist daher auch nicht fähig, sich danach zu sehnen ... Du wirst dich aber nicht danach sehnen, die Gnade zu besitzen, bis das Unaussprechliche und Unerkennbare dich innerlich anspricht und dich drängt, es zu ersehnen ... kurz, laß diese geheimnisvolle Gnade in dir wirken, wie sie will, und folge ihr, wohin sie dich führt.« (Die Wolke des Nichtwissens)[20]

Nicht nur die Sehnsucht nach Gott, sondern auch die sehnsuchtsvolle Hinwendung zum Göttlichen in der Kontemplation sind als Grundimpuls und Grundregung reine Gnade. Alles weitere erfordert Bemühen. Nur wenigen Menschen ist die Kunst des Schweigens gleichsam mühelos mit ins Leben gegeben. Wir müssen sie normalerweise erringen, müssen alle Kräfte einsetzen, um das Schweigen zu gewinnen. Ein gewisses Maß an Askese gehört dazu. Doch wer durchhält, immer wieder seine innere »Zelle« aufsucht, lernt nicht nur bald sein eigenes Maß kennen, sondern er empfindet vor allem auch die Freude an dem Weg als solchem – dem Weg, der den Sehnsuchtsraum öffnet und neue Geborgenheit schenkt.

Rüstzeug des Schweigenden – Vertrauen, Treue, Disziplin

Johannes Tauler:

»Du sollst dieses tiefe Schweigen oft und oft in dir haben und es in dir zu einer Gewohnheit werden lassen, so daß es durch Gewohnheit ein fester Besitz in dir werde ... Denn Gewohnheit erzeugt Geschicklichkeit.«[21]

Gewohnheit beweist sich in der Wiederholung. In der Wiederholung holen wir einen Hauch des Ewigen in unser zeitliches Sein. Wie Tag und Nacht gehen und wiederkommen, die Gestirne sich annähern und wieder voneinander fortschweben, Pflanzen verwelken und wieder neu blühen, so steht der Gott Suchende im Leben und zieht sich in Konstanz der Wiederholung ins Schweigen zurück.

Die Wiederholung stammt aus der Disziplin. Gerade in Zeiten der Krise, der Anfechtungen und einer als solche empfundene Ferne Gottes sind Beharrlichkeit in der Kontemplation, im kontemplativen Gebet notwendig. Mag ich mich auch längere Zeit fragen, was ich da eigentlich tue und mag mir auch längere Zeit das Wort Gottes so fremd erscheinen. Und mag ich auch die Gründe für solche Zeiten der Verunsicherung und der Distanz nicht auszumachen – gerade dann lautet die Antwort: Ertragen und durchstehen. Der Nebelschleier wird der Sonne weichen. Es gehört zur Grunderfahrung aller Menschen, die die Kontemplation suchen, daß sich der Übung des Schweigens die Unruhe und Ablenkungen der Welt um so verführerischer entgegenstellen, ganz so, als ahne da »jemand«, daß der Übende bereit ist, dem Terror der äußeren Sinneseindrücke Widerstand zu leisten[22].

In der zwölften seiner geistlichen Übungen weist Ignatius von Loyola auf die Angriffe hin, denen das Schweigen ausgesetzt ist: »Denn der Feind pflegt nicht wenig dahin zu wirken, daß die Stunde einer solchen Kontemplation, Betrachtung oder Gebetes abgekürzt werde.«[23]

Die Auseinandersetzung mit der äußeren Kraft der Sinne, der immer wieder aufgenommene Kampf mit allen Ablenkungen, ist die Grundvoraussetzung dafür, die Geister zu unterscheiden. In dieser Übung der Disziplin bestehen wir die Probe auf die Freiheit, die mehr ist, als sich treiben zu lassen. Hier zeigen wir unsere Treue, die mehr ist, als bloßes Ritual. Hier beweisen wir unser Vertrauen, das erhaben ist über allen äußeren Einfluß und auch über die letzte Einsamkeit, aus der andere Menschen uns nicht

zu befreien vermögen. Schließlich bewährt sich hier unsere Verantwortung, die wir im Schweigen für die Erde tragen.
Nur wer in Unfreiheit lebt, schreckt vor der Erfordernis zurück, sich in täglicher Disziplin zu üben. Da wird dann die betont herausgestellte Freiheit des Geistes in völliger »Nichtgesetzlichkeit« zur Flucht vor sich selbst und zur Flucht vor der Versagensangst. Doch was ist ein Ziel wert ohne die Bereitschaft, den dazugehörigen Weg zu gehen? Als unbezwingbare Macht trägt den Menschen, der das Schweigen vor Gott sucht, sein Vertrauen auf das Entgegen-Kommen und Angenommensein seitens der göttlichen Welt. Wir können Gott nicht nur angstfrei gegenübertreten sondern noch viel mehr im Schweigen vor ihm alle Ängste ablegen, die uns plagen. Eine Liedzeile, ein kurzer Kanon, drückt dies in schöner Weise aus:

Wechselnde Pfade

Text: baltischer Hausspruch
Melodie: unbekannter Herkunft!

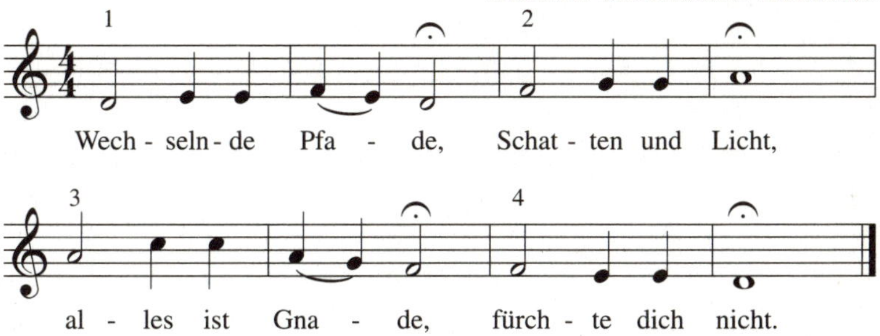

Harmoniefolge: Dm C / Dm //.

Die Nacht annehmen, die keine Nacht ist.

Das Schweigen Gottes annehmen, das kein Schweigen ist.

Sich unbekümmert dem »Nichts« stellen, das kein »Nichts« ist.

Die Nicht-Erfahrung annehmen, die Erfahrung ist.

Orte und Zeiten des Schweigens

»Geh in deine Kammer, wenn du betest,
und schließ die Tür zu;
dann bete zu deinem Vater, der im Verborgenen ist.«

(Matthäus 6,6)

Orte des Vertrauens, Orte die uns anziehen, die Geborgenheit ausstrahlen und uns zum Innersten führen; Orte, an denen nichts Äußeres die Bewegung der Berührung und Verwandlung stört. In unserer durch Hektik und Lärm zerrissenen Welt müssen wir Reservate der Besinnung und des Schweigens schaffen, Orte der Kontemplation, die keinem anderen Zwecke dienen als dem Schweigen vor Gott und dem Gebet. Sicher, der wahrhaft kontemplative Mensch ist Gott jederzeit und überall nahe. Doch die Zerstörungskräfte unserer Tage sind zu stark, um allein darauf zu bauen. So wie Naturschutzgebiete selten gewordenen Lebensformen Platz zur Entfaltung bieten und Schutz vor Zerstörung; so wie kleine Biotope Betonwüsten aufzuhellen vermögen – so stellen auch in unserem Leben Räume der Besinnung Hoffnungszeichen für uns selbst und unsere Nah-Mitwelt dar. Wir sollten nie vergessen, daß es eine Wechselbeziehung von außen und innen gibt, und daß die Bereitung des Raumes genauso auf Mensch und Seele wirkt wie die Anwesenheit eines bestimmten Menschen auf den Raum.

Jeder Raum strahlt etwas von dem aus, was sein Zweck ist und gibt Kunde von dem, der ihn bewohnt. In Räumen, die der Kontemplation vorbehalten sind, verdichtet sich die Atmosphäre, verdichtet sich »Wirklichkeit«. Solche Räume, Ecken, Plätze gewinnen bald ihre ganz eigene Aura, eine Ausstrahlung des Besonderen, das laute und unnütze Worte verbietet. In manchen alten Klöstern und Kirchen können wir die Erfahrung machen, daß Räume, in denen Generationen von Menschen gebetet, geschwiegen und Gott in Liedern gepriesen haben, das Besondere gleichsam zu empfinden ist. Den Schweigenden umhüllt ein spirituelles Kraftfeld, in dem er sich unmittelbar loslassen und freigeben kann, wundersam getragen in einer Wahrnehmung des Numinosen, die tief hinter allem Bewußtsein liegt. Der Ort, an dem ich immer wieder Gott anrufe, mich ihm als Antwort auf seine Berührung entgegenstrecke, ist ein Ort Gottes, ein Ort der Begegnung. Schon die Schritte, die ich gehe, um zu bestimmter Zeit, in bestimmtem Raum Gott entgegenzuschweigen, sind Schritte auf Gott zu.

Im Raum des Schweigens vor Gott hat auch Auseinandersetzung und das Ringen seinen Platz. Hier lassen sich die Ketten der Anfechtung zerreißen, hier kann Freiheit gewonnen, wiedergewonnen und letzte Freiheit wahrgenommen werden.

Grundsätzlich können überall auf der Erde, in jedem Land, in jeder Straße, in jedem Haus, in jeder Wohnung solche Räume entstehen. Doch Orte haben auch ihre Geschichte und bewahren immer etwas von dieser Geschichte in ihrer Ausstrahlung auf. So wie die über viele Jahre gewachsene Kraft aus dem Schweigen, dem Gebet und dem Lobgesang, aus der beständigen Wiederholung der Sehnsuchtsregung spürbar ist, so kann der Empfindsame sich auch den negativen Energien nicht entziehen, die Räume prägen, in denen Leid zugefügt wurde, körperliche oder seelische Mißhandlungen stattfanden, Wunden geschlagen wurden. Zeit, Raum und Natur haben ein Gedächtnis. Nichts bleibt folgenlos. Dem Ein-Druck solcher Orte muß der hier die Kontemplation Suchende sich zunächst immer wieder stellen und die Schatten im Gebet reinigen und befreien. Solche Aussage mag für manchen Leser befremdlich erscheinen, hört sie sich doch nach »Gesundbeten« oder ähnlichem an. Aber krankt nicht gerade auch daran unsere Zeit, daß die Sinne für die Wahrnehmung hinter der Wahrnehmung verkümmert, verschlossen sind, geistiger Raum als solcher hinter dem materiellen keine Zuwendung erfährt. Heilung jedoch darf sich nicht auf Körper und Geist des Menschen beschränken. Wir kennen die reinigende Kraft des Gebets, wir kennen die reinigende Kraft des Schweigens – was unsere Seele betrifft.

Für den geistigen Raum müssen wir dieses wieder entdecken. Und dann können wieder Orte und Räume der Gottzugewandtheit entstehen, selbst an geschändetem Platz.

Für die Räume, die wir uns herrichten, ist also überall Gelegenheit, auch in der kleinsten Wohnung. Ideal sind eigens für Schweigen und Gebet reservierte Zimmer. Sie beeinflussen per se durch ihren Charakter den gesamten Wohnraum. Hier wird nicht gelärmt, nicht geschrien, nicht gestritten, nicht dahergeredet. Auch wem die Übung des Schweigens vor Gott nichts sagt, kann hier zu *seiner* Zeit Ruhe und Sammlung finden und *darüber* im Laufe der Zeit gegebenenfalls auch zum wahren Schweigen. Wo der Platz für einen eigenen Raum fehlt, reicht die Ecke eines Zimmers, doch sollte ihr Charakter von möglichen Mitbewohnern respektiert werden; genau wie die Zeiten, in denen der Schweigende auch die äußere Stille sucht. Bei all diesen Überlegungen steht doch die Frage im Vordergrund, was wir bereit sind, in unserem Leben für die Bewegung auf Gott zu, zu geben. Sicher mag für den einen oder anderen das Leben so gotterfüllt sein, daß er weder Räume noch Zeiten benötigt. Doch kann man sicher sein, daß dieser Zustand Dauer hat, ohne Anfechtungen und Infragestellungen? Auch in Wüstenzeiten halten der Ort und die Zeit die Erinnerung wach, weisen uns hin, schenken Vertrautheit im Äußeren, die zu innerlicher Vertrautheit sich zu wandeln vermag. Für den Menschen, der das Schweigen regelmäßig sucht und praktiziert, werden die Räume der Kontemplation zum Bestandteil des Alltags. Als Herzpunkt positiv zu wertender Gewohnheit korrespondieren sie mit der festen Zeit, um die ich mich bemühe. So wie der Ort Wahrnehmung und innere Haltung zentriert, so sichert die verbindliche Zeit Regelmäßigkeit und Konstanz. Mag auch jeder Mensch eigene Erfahrungen im Umgang mit dem Schweigen sammeln, so darf doch folgender Rat als Summe aus der Einzelerfahrung vieler Suchender gelten:

Die günstigste Zeiten für das Schweigen liegen in der Nacht. Doch nicht jeder kann und sollte seinen Schlaf unterbrechen. Auch liegt ja ein besonderer Wert der Übung des Schweigens in

der Durchbrechung alltäglichen Getriebenseins und in der Mithineinnahme der Kräfte, die im Schweigen erweckt wurden, in den Alltag. Hierfür bietet sich am Tagesbeginn die Zeit zwischen Morgentoilette und Frühstück an; abends liegt ein günstiger Zeitpunkt im Übergang zwischen Beruf/Besorgungen/Tagesroutinen und dem, was wir »Feierabend« nennen.
Jeweils 20-30 Minuten sollten die Übungen des Schweigens währen. Ein entsprechender innerer Rhythmus bildet sich mit zunehmender Übung und Gewöhnung heraus.
Orte des Schweigens – und seien es nur Winkel in einem Zimmer, sind grundsätzlich Orte der Gastfreundschaft und der Offenheit für alle, die Gott in der Stille suchen wollen. Hier gilt kein: Das ist mein! Hier heißt es: Teilen! Und schön ist die Erfahrung, das Schweigen zu teilen, gemeinsam und doch jeder auf seine Weise vor Gott zu treten.

Die Führung liegt bei Gott

»Suche Gott und nicht Freude – das ist die Grundregel aller Meditation. Suchst du Gott allein, so wirst du Freude empfangen, – das ist die Verheißung aller Meditation.«
(Dietrich Bonhoeffer)[24]

Es lassen sich Hinweise geben für den Weg des Schweigens, Orientierungsmarken benennen, die aus der Erfahrung gewachsen sind. Doch es gibt keine Rezepte und kein Erfolgsversprechen. Jede Methode ist bloße Vorbereitung. Die Führung auf dem Weg liegt allein bei Gott. Hier geschieht sein Wille, hier wirken Geist und ewige Weisheit. Sie leiten und sie bewahren; unsichtbar, wirkungsvoll und durch alle Wüstenzeit hindurch. Das ist die erste Erkenntnis für den, der zum schweigenden Gebet finden will. Habe ich diese Erkenntnis erfahren, dann liegt das Fundament für eine wahre Offenheit gegenüber Gott. Und dann wird diese Offenheit zugleich immer verbunden sein mit einer Haltung der

Dankbarkeit, einer Haltung der Würdigung dessen, was es für eine Gnade bedeutet, sich bewußt in die Gegenwart Gottes stellen zu können und stellen zu dürfen. Bereits der Zugang zum Schweigen, den der Suchende wählt, gehört zur Hinwendung selbst. Die Form ist Teil der Bedeutung, der Weg das Fundament des Sinns. Zugang und angemessene Form für eine Spiritualität des Schweigens finden wir aber nur als grundlegende Lebenshaltung, als Hingabe des Besten. Vergebens ist die Erwartung, daß nach der Einsicht in die Notwendigkeit täglicher Zeiten der Kontemplation, sich durch bloßes Sitzen und äußeres Schweigen das Notwendige im Inneren schon tut.
Wer den Weg der Kontemplation beginnt, sollte sich Wachsamkeit abfordern. Denn schnell erliegen wir Selbsttäuschungen in dem Sinne, daß wir mehr für uns selbst schweigen, für unser »Seelenheil«, denn für die sehnsuchtsvolle Gottsuche und -zuwendung. Schweigen aus Selbstliebe, aus narzißtisch begründetem Mystizismus, ist Spreu. Darum gilt es, das Schweigen selbst und seinen wahrhaften Grund in mir immer wieder zum Gegenstand der Reflexion zu machen, wohl wissend, daß das Höchste, das wir erreichen können, in dem ununterbrochenen Verlangen nach Gott besteht.

Stufen ins Schweigen

Aus dem mittelalterlichen Christentum kennen wir die Unterscheidung in Konzentration (concentratio), Meditation (meditatio) und Kontemplation (contemplatio). Es sind dies drei Stufen, sich auf das Göttliche einzulassen.
Mit der Konzentration verbunden ist der zielgerichtete Willensakt, unbedingt präsent zu sein, sich ganz auszurichten auf das Eine. In der Meditation bleibe ich in konzentrierter Haltung, doch ohne aktiven Willensakt, ohne das ständige intensive Bemühen. Hier geschieht bereits etwas mit mir, erfahre ich innere Berührung und Wandlung, bin ich, aus der Wesensmitte heraus. Der Übergang

zur Kontemplation schließlich verläuft fließend. Der Schweigende erfährt Teilhabe, fühlt sich Hineingenommen in den göttlichen Raum, oder vorsichtiger formuliert, in das Mysterium des die sichtbare Welt übersteigenden Seins. Kann der Übende zur Konzentration noch seine Willenskräfte heranziehen, so läßt er in der Meditation etwas mit sich geschehen. In der Kontemplation schließlich widerfährt ihm pure Gnade.

Auch bei vielen Mystikern finden wir eine gestufte Hinwendung zur Kontemplation. So rät Heinrich Seuse (1295-1366), ein Schüler von Meister Eckehart, sich in der Kontemplation 1. von den Menschen fernzuhalten, 2. sich von Bildern zu lösen, 3. sich von allem nicht Wesenhaften zu befreien und 4. den Sinn jederzeit auf ein verborgenes Gott Anschauen zu richten[25].

Johannes vom Kreuz weist in seinen Unterweisungen darauf hin, daß der Anfänger Stoff zum Meditieren und Erwägen braucht, er sich den Geschmack am Geistigen zunutze machen solle, um so die Sinne aus dem Weltlichen zu entwurzeln. Ist auf diesem Weg Gewöhnung eingetreten, dann »beginnt Gott alsbald die Seele zu entwöhnen und zu einer Erfahrung des Göttlichen zu erheben.«[26] Jetzt, so Johannes, muß die Seele anders geführt werden. Nun soll sie keinen Stoff zum Nachdenken mehr erhalten, soll sie am Meditieren gehindert werden. Dann kommt die Zeit, wo sie nichts an Empfindungen mehr begehren und suchen soll, um sich ganz Gott in liebevollem Aufmerken entgegenzubringen und sich rein empfangend zu verhalten. An nichts soll sie nun noch haften, weder an der Ausübung des Schweigens selbst noch an irgendeinem Wohlgeschmack für Sinne oder Geist, an nichts, was sie in Beschlag nimmt. All dies würde nur Lärm schlagen in der tiefsten Stille, die die Seele benötigt[27]. So wird Kontemplation zum Empfangen. Diese Stufung des Johannes finden wir als Vier-Schritt der Versenkung auch in der Lehre des Buddha: Loslösung von Sinnlichkeit und äußeren Regungen, doch noch im denkenden Meditieren befangen.

Zur Geistesruhe finden durch Aufgabe des Denkens und Erwägens; Freude über das Wohlbefinden.

Auch die Freude loslassen und gleichmütig in Achtsamkeit werden.
Alle Gefühle loslassen, freud- und leidfrei, in Achtsamkeit und Reinheit schweigen[28].

Es liegt in der Natur der Sache, zwischen einem langfristigen Übungsweg und den jeweiligen Tagesübungen zu unterscheiden. Doch das, was für den großen Weg an Stufungen gilt, spiegelt sich im kleinen auch in der täglichen Übung.

A *Ich lockere meinen Körper und suche die rechte Sitzhaltung. Ich beginne die Übung des Schweigens indem ich mich sammle. Ich bin ganz hier, richte die Konzentration auf den Raum, lenke sie dann auf meinen Körper, halte die Sinne in mir.*

B *Ich löse mich von meinen Körperwahrnehmungen, lasse meine Gedanken los, richte mich ganz aus auf das Geschehenlassen und Empfangen in Ruhe, Entspannung und innerem Schweigen. Jetzt gibt es nur das »Du«, die mich umgebende geistige Welt, befreit von Bildern und Vorstellungen.*

C *Ich lasse das Schweigen geschehen, getragen vom Atem, der Eins ist mit dem Pulsschlag des Universums.*

D *Ich führe meine Wahrnehmung in meinen Körper zurück, bin wieder im Jetzt, dankbar für das Geschenk des Schweigens.*

Geist, Leib und Sinne

Wollen wir auch mit dem Körper und seinen Regungen schweigen, so müssen wir den Geist zunächst in den Körper zurückholen, ihn bei seinen ständigen Abschweifungen und Ausflügen immer wieder einfangen und im Körper zentrieren; ihn schließlich auch zentrieren in sich selbst.

So hat jede Übung des Schweigens zwei Richtungen: die dem Körper und die dem Geist zugewandte. Das wird bereits bewußt in der Übung der rechten Sitzhaltung, im Loslassen der körperlichen Anspannung, im Einpendeln in den rechten Atem, in der Aufnahme heiliger Wörter, die in uns einen Klang zu erzeugen vermögen. Wer den Körper mißachtet und verachtet und sich um ihn bemüht, wird kein Schweigen finden. Sich zunächst dem Körper zuzuwenden, geht dem Schritt voraus, in der Allgegenwart Gottes das Körperbewußtsein zu übersteigen, ohne es geringzuschätzen. Im tiefen Schweigen sind die äußere Ruhe des Körpers und die gottzugewandte Haltung des Geistes eins. *Ich* muß eins sein, bevor ich mich der Einswerdung mit dem Göttlichen entgegensehne.

Der Mensch hat ein Organ, einen Sinn für die Wahrnehmung des Numinosen im Schweigen. Doch dieses Organ gilt es auszugraben aus dem Berg der Eindrücke, den die dem Leben zugewandten Sinne täglich neu aufrichten. Die Übung der Wachheit und Achtsamkeit hilft dabei. Wachheit und Achtsamkeit sind von unseren Sinnen nicht zu trennen, nehmen wir doch primär sinnlich wahr – im Sehen, Hören, Riechen, Schmecken, Berührung und Berührtwerden. Eine Reinigung der Sinneswahrnehmung fördert Wachheit und Achtsamkeit.

Ganz Ohr sein, und sonst nichts; den Klang in sich aufnehmen, vom Laut durchdrungen und durch den Ton hindurchhören.
Ganz Auge sein, und sonst nichts; im Gesehenen aufgehen und durch das Bild hindurchsehen.
Ganz Nase sein, und sonst nichts; den Geruch in sich aufnehmen, sich ihm in seinen Feinstofflichkeiten zuwenden und durch ihn hindurchriechen.
Ganz Mund sein, und sonst nichts; den Geschmack kosten in seiner Vielfalt und durch den Geschmack hindurchschmecken.
Ganz Haut sein, und sonst nichts; der Berührung die ganze Aufmerksamkeit schenken und durch sie hindurchspüren.

Lernen, ganz Sinne zu sein, gehört zu den Grundübungen der Konzentration. Sich ganz auf die Sinne ausrichten lernen und dann sogleich, während ich in dieser Wahrnehmung verbleibe, durch sie hindurchgehen; in dem bleiben, was mich sinnlich in Anspruch nimmt und ausrichtet, während ich mich von ihm löse und offen werde.

Wer nicht lernt, seine Sinne in ihrem ganzen Reichtum zu erfahren und sich gleichzeitig von ihnen zu lösen, dem werden sich seine Sinne immer wieder in den Weg stellen, wenn er das Schweigen sucht. Dem wird es aber auch an Sensibilität im Alltag fehlen, wenn wir mit unseren Sinnen, dieser wunderbaren Gabe, den ganzen Reichtum der Schöpfung erfahren, gleichsam mit ihnen beten können. Als Übung der Konzentration erfüllt das »Ganz Sinne Sein« eine doppelte Funktion. Es richtet uns auf das, was sowieso da ist, zentriert die Wahrnehmung und bereitet uns im Folgeschritt des Hindurch-Wahrnehmens für das, was an uns herantreten will, für das Geschehenlassen in höchster Achtsamkeit.

Nikolaus von Kues:
»Du bist, o Gott, die Unendlichkeit, die allein ich in jeder Sehnsucht ersehne. Dem Wissen um diese Unendlichkeit kann ich mich nicht mehr nähern als soweit, daß ich weiß, sie ist unendlich. Je besser ich also erfasse, mein Gott, daß Du unerfaßlich bist, desto besser erreiche ich Dich, weil ich dem Ziel meiner Sehnsucht näher komme. Was immer mir entgegentritt, das Dich als erfaßbar zu beweisen bemüht ist, verwerfe ich, da es mich auf Irrwege führt. Meine Sehnsucht, in der Du widerstrahlst, führt mich zu Dir, weil sie das Endliche und Begrenzte verwirft. In ihm vermag sie keine Ruhe zu finden, da sie von Dir zu Dir geführt wird.«[29]

In dem von äußeren und inneren Bildern befreiten Schweigen liegt ein hoher Anspruch, dem nicht jeder Gott suchende Mensch gerecht werden kann. Monastisch lebende Ordensleute haben hier sicherlich bessere Ausgangsbedingungen als der mitten im

Berufs- und Familienleben stehende »Mystiker des Alltags«. Gleichwohl bleibt das höchste Ziel der kontemplativen Übung das innere Loslassen all dessen, was unser Bewußtsein besetzt. Denn alles, was wir denken, entspringt unserem Bewußtsein. Es ist gut, den Schöpfer durch die Geschöpfe hindurch zu suchen, es ist für Christen unverzichtbar, dem Göttlichen in der Existenz Christi nachzuspüren und in der Versunkenheit in sein Leben und seine Weisheits-Lehre. Doch beides darf die entleerte Bereitung für die Berührung aus dem göttlichen Raum nicht blokkieren oder ausschließen, stünde doch eine solche Blockade auch der Annäherung an den überzeitlichen, den kosmischen Christus entgegen.
Und wenn ich an der Bildlosigkeit immer wieder scheitere? Dann muß ich dieses Scheitern durchstehen, neue Kraft in der Zuwendung zu meinem ganz persönlichen Gott und dem Bild, das ich mir von ihm mache, sammeln und immer wieder von vorne beginnen. Die Liebe zu Gott und die Sehnsucht nach dem Absoluten tragen uns voran.
Manchmal hilft dabei eine Übung der Distanz.

Wir gewinnen Distanz zu dem Geschehen auf der Erde und zu all dem, was uns beschäftigt, sorgt, umtreibt und in die Stille hinein verfolgen will, wenn wir lernen, die Welt aus dem All heraus zu betrachten, gleichsam von einem kleinen Stern, der über der Erde schwebt. In diesem Blick relativiert sich alles, schmilzt so manches für bedeutsam Gehaltene zu seiner nichtigen Größe.
Schweigend treibt die Erde im All, tief atmet sie durch. Und der Mensch, als Kind der Erde, erhebt seinen Geist zu Gott, tief ins All hinein. Schweigen liegt über dem Universum. In dieses Schweigen lasse ich mich fallen, atme im Pulsschlag der Unendlichkeit.

»Das meditative Wort ... steht im Dienst des Schweigens. Diese Worte sind die Früchte, welche am Baum des Schweigens reifen, sie tragen den Duft und die Süße einer entschwundenen geistigen Welt an sich. Sie zerreden die Stille nicht, sondern sie machen sie vollständig. Wenn sie ausklingen, so ist es die Stille, die klingt, und in ihrem Klang rühren uns die tiefsten Mysterien des Seins an.«[30]

Wo wir das Schweigen nicht durchstehen bzw. es sich nicht einstellen will, da vermögen die Worte des Gebets ihre Kraft zu entfalten. Wenige Worte, die herausragen aus dem Wirbel unserer Gedanken und aller Sinnesregungen, führen zurück zum Wesentlichen, erinnern uns, mahnen uns. Wahre heilige Worte braucht sich der Schweigende auch nicht zu erklären. Sie tragen in sich auf wundersame Weise einen überzeitlichen, einen Ewigkeitsgehalt, der aus Generationen von Betern hindurch seine Tragfähigkeit erwiesen hat. In diesen Kosmos des Wortes kann ich mich fallen lassen, vertrauend und spürend, daß das Wort mich nicht nur trägt, sondern mich wie einen Schutzmantel umgibt, der abhält, was bedroht, verunsichert, beunruhigt.

Es kann nur empfohlen werden, für sich ein solch heiliges Wort zu entdecken. Wer es sucht, wird es finden, zum richtigen Zeitpunkt. Jederzeit kann er es dann in sich tragen und jederzeit wird es ihn nach einiger Zeit tragen. Es wird ihn im Rhythmus des Atems ins Schweigen führen, es wird ihn, aus dem Unbewußten aufsteigend, mitten im Getriebe des Alltags an das wesentliche erinnern. Wenn vieles in Unordnung gerät, bleibt das heilige Wort, über das er unmittelbar zurückfinden kann zur ewigen Ordnung, die Halt im Letzten gibt.

Das meditative Symbol greift über das Gegebene und versprachlichte hinaus. Das pure, corpusfreie Kreuz, tief in mich hinein mit ins Schweigen genommen, vermag die Gedanken genau wie ein meditatives Wort zu zentrieren.

Einatmend entsteht die Vertikale, ausatmend die Horizontale. Im Rhythmus des Atmens wächst das Symbol vor unserem geistigen Auge immer wieder neu und entfaltet durch die absichtsfreie, von Worten und Gedanken bereinigte, schweigende Schau seine geheimnisvolle Tiefe. In diese Tiefe zieht es den Versunkenen hinein und entgleitet gleichzeitig aus seinem Blickfeld. Steigen wieder Gedanken empor, wollen Worte und Bilder sich des Schweigens bemächtigen, führt das Wiederaufnehmen des Kreuzes im Rhythmus des Atems zurück ins Schweigen.

Gleiches gilt für den Stern der Sehnsucht, den Stern der Erlösung.

Im Ausatem hebt sich der menschliche Geist zum Göttlichen hin, im Einatem senkt sich das Göttliche in Geist und Körper. Die Dreiecke verschmelzen, so wie die Linien des Kreuzes an ihrer Schnittstelle. In dem Punkt der Verschmelzung leuchtet das Tor in die Tiefe.

Ratschlag

- Auf dem Weg des Schweigens gibt es kein »Müssen«.
- Der Weg braucht seine Zeit.
- Ich führe meine Schritte absichtslos durch.
- Ich bemühe mich und halte mich in der Disziplin, aber Geschehenlassen ist dabei die innere Haltung.
- Zielgerichtetes Denken steht der Bereitschaft des Empfangens entgegen.
- Ich überfordere meinen Körper nicht und stelle ihn nicht unter Leistungsdruck. Übungen, die schmerzen, führen zur Verkrampfung. Überanstrengung bedeutet Schwächung. Verkrampfung und Schwächung engen den Geist ein. Sie stehen der Bereitschaft des Empfangens entgegen.

- Schulen, Lehrerinnen und Lehrer der Kontemplation können mir Hinweise geben. Sie können ein Stück des Weges führen und begleiten, je nach persönlicher Entwicklung und Reife des Übenden. Abhängigkeit von ihnen aber engt den Geist ein. Sie steht der Bereitschaft des Empfangens entgegen.
- Die letzte Führung liegt bei Gott. Diese Führung anzunehmen, erfordert unbedingtes und unbegrenztes Vertrauen. Mag geschehen, was wolle.

4. Aus dem Schweigen aufersteht das Wort

»Stille, du betrügst mich nicht.
Die Oberfläche hat mich oft genarrt.
Tief innen im Wesen sitzt die Wahrheit.
Wer sucht sie?
Wer findet sie?«[31]

Als Geistkultur steht die kontemplative Kultur in Unmittelbarkeit und im Unendlichkeitsraum zugleich. Hier fallen Erleben und das als überzeitliche Wahrheit Erkannte zusammen. Dogmen implodieren, Starrheit und Beharrungsangst lösen sich auf in dem Geist, der, ohne Spuren zu hinterlassen doch tief eingreift und wandelt. Im Schweigen kann ich mich nicht selbst belügen. Hier treten uns Klarheit, Radikalität und persönliche Wahrheit authentisch gegenüber. Und wir nehmen sie mit ins Leben hinein. Wer aus dem Schweigen kommt und immer wieder ins Schweigen geht, der kann nicht unauthentisch leben, kann nicht bürgen mit ungedeckten Schecks. Denn jedes hohle Wort und jede hohle Geste holen ihn im Schweigen wieder ein.

In einer geistbestimmten und geisterfüllten Kultur liegt die Zukunft der Menschheit. Sie alleine kann ein lichtes Zeichen gegenüber der Maßlosigkeit, der Egomanie, der technologischen Hybris und Gigantomanie unseres Zeitalters darstellen. Dem Faszinosum Orwellscher Beherrschungs- und Kontrollphantasien und den Drogen der Erlebnisgesellschaft vermag sich nur ein freier, ein anderer als aus der Endlichkeit sich nährender Geist entgegenzustellen. Denn solchen Geist beeindrucken keine Endlichkeitsphantasien, kein Wissen um der puren Neugier und des Wissens willen. Er kann das letzte Nichtverstehen aushalten und gibt der Verwunderung und Ehrfurcht Raum.

Basilius der Große:
»Der Geist, der sich weder unter den äußeren Dingen zerstreut noch durch die Sinne auf der Welt umherstreift, kehrt zu sich selbst zurück und steigt durch sich selbst zu Gott empor.«[32]

Als Gottesdienst höchster Form sehen wir das Schweigen vor Gott. Nichts kommt ihm gleich, denn keine andere Haltung als die des Schweigenden ist demütiger, entleerter, geöffneter, bereiteter. Zwischen dem Schweigenden und Gott liegt nur das, was Gott noch zwischen Mensch und sich hält.
Abraham Joshua Heschel erzählt die Geschichte eines Rabbi, der vor dem Gebetshaus förmlich spürt, wie das Stroh unauthentischer Gebetsworte die Synagoge füllt, ohne daß Geist sich zum Himmel erhebt.
»Rabbi Levi Jizchak von Berditschew wollte einst auf einer Reise in einer Stadt in die Synagoge gehen. Als er aber vor dem Eingang stand, weigerte er sich hineinzugehen. Als ihn seine Schüler fragten, was an der Synagoge nicht richtig sei, erhielten sie zur Antwort: ›Die Synagoge ist voll von Worten der Tora und des Gebets.‹ Das erschien seinen Schülern als höchstes Lob und als ein Grund mehr, in die Synagoge einzutreten. Als sie daher weiterfragten, erklärte ihnen Rabbi Levi Jizchak: ›Worte, die ohne Furcht und ohne Liebe gesprochen sind, steigen nicht zum Himmel. Ich fühle, daß diese Synagoge voll ist von Tora und Gebet.‹«[33]

Wo könnte diese Geschichte nicht spielen?
In einer geistbezogenen und geisterfüllten Religion wird das Wort Gottes, wird das Gebet neues Ereignis, das gleichsam in unser Leben einbricht.
In den Raum der schweigenden Gottsucher hinein, die sich Gott ganz zuwenden und in bewußte Distanz zu Lärm und Beliebigkeit gehen, spricht Gott seine Offenbarung. Wort Gottes, Wort der Schrift und das Schweigen – zwischen beiden besteht ein urtiefer Wesens-, Seins- und Notwendigkeitszusammenhang. Das Heil

liegt in der Synthese von Wort, Offenbarung und Schweigen. Und mit Heil sei hier das der Wort- und Offenbarungsreligion *an sich* gemeint. Aus ihm kann göttlich inspiriertes Wort auch heute entspringen, sind doch die Quellen der Offenbarung seit den Tagen der Kanonisierung des Neuen Testaments nicht versiegt. Nicht Gott ist stumm geworden, nur die Menschen haben verlernt, zu hören, wahr-zu-nehmen. Aus diesem Heil heraus werden wir auch wieder den wahren und tieferen Wortsinn erfassen können, der im bereits offenbarten Wort ruht, hinter der ersten und vordergründigen Verstehensform auf seine Entdeckung wartet.
Hubertus Halbfas:
»Auf der Stufe des vertieften Wortsinns geht es darum, die historischen Begriffe im Sinne geistiger Erfahrung zu überschreiten: Der Berg bleibt nicht geographischer Begriff, sondern er wird ein theologischer Topos, der in seiner symbolischen Gestalt als Ort der Gottesnähe erfaßt werden will. Die mit ihrer überquellenden Bildfülle machtvolle biblische Sprache kann gar nicht verstanden werden, wenn der lexikalische Begriffsinn der Worte in keinen tieferen Sinn geistiger Welterfahrung weitergeführt wird. Das vollzieht sich freilich nicht mehr wissenschaftlich. Die Wüste und das Meer, Wasser und Weinstock, Brot und Öl, Hunger und Durst, Baum und Blume, Land und Stadt, Name und Bildnis ... wollen der eigenen Erfahrung eröffnet und als Sinnbilder tieferer Bedeutung interpretiert werden.«[34]

Das Schweigen reinigt und klärt das Gedachte und Gesprochene. Der Blick wird frei auf das wesenhafte Urgut, welches dem Denken, Sprechen und Schreiben zugrunde liegt. So hat die Übung des kontemplativen Schweigens immer Folgen, und zwar für alle Erscheinungsformen des Wortes.
Das Wort Gottes ergreift den Schweigenden mit und durch seine Wesensfülle. Wer wahrhaft hört, wird eins mit dem Wort und mit dem, der es sprach und spricht, mit dem Logos, aus dem alles hervorging.

Der im Schweigen Geübte hört auch das Wort seiner Mitmenschen im Gespräch tiefer, spürt den Worten hinter den Worten nach, dem verdeckten Sinn; und er vermag zu hören, ohne sogleich zu urteilen. Schließlich aufersteht auch sein eigenes Wort zu neuer Kraft. Wer durch das Schweigen vor Gott gegangen ist und geht, dem wird der Wert des Wortes bewußt und er wird sich mehr und mehr auch des Wortes in alltäglichen Situationen enthalten. Auch so gesehen stimmt es, daß wer wahrhaft schweigen kann, auch zu hören gelernt hat und sich des zu Sagenden bewußt ist. Das still sein, wo ansonsten schnell geredet wird, weist allerdings über das Nicht-Sagen hinaus[35]. In ihm klingt – unausgesprochen – eine Bedeutung durch, baut sich ungleich stärker auf als Worte dies vermögen. In der Kontrolle des Nicht-Redens liegt, so betrachtet, die Kontrolle der Rede. Das Gesprochene erhält seinen Glanz zurück.

»... die Sprache ... wird Mittlerin der eigentlichen Mysterien des Seins. Das Wort vermag wieder zu erschrecken, zu verzaubern, zu beseligen, es ist mit magischer Potenz geladen. Das Wort ›trifft‹, und darunter verstehe ich nicht eine intellektuelle Berührung, sondern eine Erschütterung, welche die gesamte Existenz umfaßt. Es gilt, hinter und unter den Worten *das* Wort wieder zu entdecken, welches alterslos ist und nichts von seiner Macht eingebüßt hat. Dieses Wort entdeckt man jedoch nur, wenn man willens ist, zu schweigen.«
(Hans-Jürgen Baden)[36]

Kommen wir an dieser Stelle, die Gedanken über das Schweigen abschließend, noch einmal kurz auf das Bild, den Mythos und die Sprache beider zurück.

Frei zu werden von inneren Bildern, so hatten wir betont, gehört zum Wesen der Kontemplation. Doch liegt in der Betonung einer auf den Schweigeweg bezogenen Notwendigkeit keine grundsätzliche Ablehnung des bildhaften Verstehens und auch der Hinwendung zum Göttlichen mittels des Symbolgehalts, den viele Bilder und die Bildersprache der Mythen in sich tragen. Vielmehr

wird gerade auch in dieser Hinsicht, ähnlich der Sprache, das Schweigen zur Quelle der Erneuerung, zur Präzisierung des Blicks auf das Wesentliche. So liegt ja in manchen bildbezogenen religiösen und mythologischen Traditionen das Eigentliche nicht im Vordergründigen, sondern offenbart sich erst im Schauen des Dahinter, im Blick des Hindurch. Durch die erste Realität hindurch scheint eine weitere, oft ganz und gar unfaßbar. Im Geist vollzogene und nachvollzogene Verbildlichungen vermögen die Gegenwärtigkeit eines Geschehens, das quasi In-Existenz-Sein zu ermöglichen. Zu denken wäre hier etwa an Auferstehung und Himmelfahrt und in diesem Zusammenhang auch an das Kreuz, aus dem beides spricht.
Daß unser heutiger symbolischer Kosmos[37] so verarmt ist, daß aus so vielen Bildern und Ritualen nur die Oberfläche spricht und damit die Grundlagen der Religion vernichtet werden, hat mit der Unfähigkeit zu tun, sich immer wieder der Reinigung auszusetzen und die wortfreie und bildfreie Stille zu Wort kommen zu lassen. Wo Tiefenerfahrung nicht mehr zugänglich ist, bleibt nur noch die pragmatische Faktizität mit ihrem spiegelbildlichen Verlust an Sinn.

Über jedes unnütze Wort, das die Menschen reden,
werden sie am Tag des Gerichts Rechenschaft ablegen müssen.
(Matthäus 12,36)

Eine neue Kraft des Wortes und auch des Bildes in einer Epoche, in der alles, schlichtweg alles droht zerredet und zerrissen zu werden, stellt sich nur durch eine Kultur des Schweigens ein. Wer im Wort gefordert ist, durch Beruf oder Berufung, der sollte sich einschwingen in den Pendelschlag von Forum und Klausur. An dieser Dialektik hängt die Zukunft einer wiedererwachenden Christenheit ganz wesentlich. Eine Renaissance des Christentums wird es ohne eine Renaissance des Schweigens nicht geben. Das theologische und rhetorische Christentum, das sich nicht immer wieder aus dem Schweigen zeugt, erstirbt.

IV
Zellen des Zukünftigen

❖

»Die Seele ist wie ein Wind, der über die Kräuter weht,
Und wie ein Tau, der auf die Gräser träufelt,
Und wie die Regenluft, die wachsen macht.
Genauso ströme der Mensch sein Wohlwollen aus
Auf alle, die da Sehnsucht tragen.
Ein Wind sei er, indem er den Elenden hilft,
Ein Tau, indem er die Verlassenen tröstet
Und Regenluft, indem er die Ermatteten aufrichtet
Und sie mit der Lehre erfüllt wie Hungernde:
Indem er ihnen seine Seele gibt.«[1]

Für alle dasein, die Sehnsucht tragen, für alle, die nach Erlösung rufen und nach dem Zerbrechen ihrer Ketten. Das gilt für unser Beieinandersein mit allen Lebewesen auf dieser Erde. Denn:
Die ganze Schöpfung wartet sehnsüchtig auf das Offenbarwerden der Kinder Gottes ... denn wir wissen, daß die gesamte Schöpfung bis zum heutigen Tag seufzt und in Geburtswehen liegt.
(Römer 8,24)
Friede auf unserem Planeten kehrt nur ein, wenn die Geschöpfe Gottes miteinander versöhnt sind, und wenn vor allem wir Menschen das Einssein allen Lebens erkennen und lernen, da zu sein nicht nur für uns selbst. Und nur von einem versöhnten Planeten aus werden wir zu einem kosmischen Frieden finden. So gesehen können wir als Gottsucherinnen und Gottsucher, gleich welcher Religion, aber eben auch als Christinnen und Christen nie zufrie-

den sein mit den gemachten Schritten. Der Wesenskern der Vollendung des Zukünftigen nährt sich aus Leidenschaft und stetem Ringen. Und das schließt Lauheit, Anpassung und Verdurchschnittlichung aus, genau wie Arrangements mit all jenen, die »Sanftmut, Sanftmut« rufen und hinnehmenden Gehorsam auch gegenüber dem Unsäglichen meinen.

1. Geschwisterschaft

Der Mensch dieser Tage, auch der Entschiedenste, scheitert oft an der Härte der Strukturen, die ihn umgeben, an der Unerbittlichkeit der Haben-Kultur, an der Zerrissenheit von Sein und Zeit. Alleine reicht der Atem nicht sehr weit. Wir brauchen Gemeinschaft, und Gemeinschaft braucht uns. Der Kosmos ist nicht auf Atomisierung, Zerfall und Gegeneinander sondern auf Zusammenhalt hin gebaut. Und – in religio, in Rückbindung zu leben, heißt auch im Miteinander-Teilen leben. Wir sind nicht nur als Individuen Ganzheiten, sondern wir bilden auch als Gattungswesen, als Menschengeschlecht ein Ganzes. Als solches sind wir, in unseren Individualitäten, zu Gott gerufen. Und das sollte Folgen haben – im Hinblick auf die Art und Weise wie wir leben und wie wir unser Leben als Gottsuche im Hinblick auf den Mitmenschen gestalten.

Immer kann Zeiten-Fülle sein, immer steht das Ewige vor dem Einbruch in das Zeitliche, immer wartet der *Kairos* am Horizont. Doch nicht immer verbindet sich die Präsenz des Ewigen mit dem Bewußtsein der Menschen. Wir hatten in dem Kapitel über den *Kairos* gesehen, daß es dazu des Zusammentreffens verschiedener Umstände bedarf. In spiritueller Gemeinschaft wächst eine Empfindsamkeit für die Wahrnehmung dieser besonderen Momente, für ein *kairos*-waches Bewußtsein.

Teilhard de Chardin spricht in seiner Abhandlung über den göttlichen Bereich davon, daß »die einzig menschliche Umarmung, die das Göttliche würdig zu umfassen fähig ist, die Umarmung aller menschlichen Arme ist, die alle miteinander ausgebreitet sind, um das Feuer herabzurufen und zu empfangen. Das einzige Subjekt, das der mystischen Verklärung endgültig fähig ist, ist die gesamte Gemeinschaft der Menschen, die in der Liebe nur noch einen einzigen Leib und eine einzige Seele bildet.«[2]

Vor dieser wahrhaft endzeitlichen Vision jedoch liegen ganze Universen an kleinen Schritten, liegen Gemeinschaftsbildungen, Zellen-Bildungen, die das große Letzte im Kleinen beginnen und vorzuleben sich bemühen. In *Kairos*-Zellen, in Geschwisterschaften des *Hindurch,* muß sich immer wieder beweisen, ob und inwieweit wir zu Liebe und Versöhnung bereit und in der Lage sind. Denn in der kleinen Zelle spiegeln sich die Spannungen und Widersprüche auch hinsichtlich des großen Ganzen.
Den großen mystischen Leib des ganzen Menschengeschlechts, den Teilhard sieht, wird es gleichwohl auf dem gegenwärtigen Entwicklungs- und Bewußtseinsniveau des Menschen nicht geben. Zu zerrissen ist im Widerstreit der unterschiedlichen Kräfte die Menschheit. Aber wir können Zeichen setzen, klein und doch unübersehbar. Wir können uns dem *Hindurch* durch diese Zeit stellen mit dem vorgelebten Verweis auf Zukünftiges und Mögliches. Wir werden dabei zu lernen haben, daß jeder Körper aus unendlich vielen Zellen besteht und sich diese Zellen in keine Konkurrenzsituation zueinander bringen dürfen. Es gibt viele Wohnungen im Hause des Vaters (Johannes 14,2), tausend Wege nach Utopia, tausend Pfade der Erneuerung, tausend Formen der Sehnsuchtsregung auf Gott zu. Wo diese Regung verbindet, ist schon jetzt an sich alles eins. Wann lernen wir, das zu sehen und unsere persönlichen Sichtweisen, Probleme und Schwierigkeiten dieser Einheit nachzuordnen? Die Sehnsuchtskräfte der Menschheit wollen verschmolzen sein zu Gott. In dieser Verschmelzung wird das Eigene und Individuelle nicht zerstört, es geht vielmehr auf, leistet seinen Wachstumsbeitrag in großer Integration des Vielfältigen.
Wie viele Gemeinschaftsprojekte in der Vergangenheit sind daran gescheitert, daß Persönliches zu wichtig genommen wurde, daß Abgrenzung und Reglementierung den Geist bestimmte, statt Offenheit und Zuwendung. Der große Schatz aller Sehnsuchtsregungen zu Gott aber ist ihre Vielfalt, der Charme des Unterschiedlichen im Gleichen. Damit können wir Gegenwart und Zukunft schmücken, sollten nicht nach dem Grau der Vereinheit-

lichung rufen. Der prägende Charakterzug des Gemeinschaftsmenschen, den die Gegenwart und die Zukunft brauchen, lautet: Zurücknahme der Selbstbezogenheit ohne Aufgabe der Individualität; ja unter Befreiung der Gaben, die dem Gemeinsamen dienen; Lust an der Verschiedenheit, Dienst in Unterschiedlichkeit, sich einlassen und weggeben in aufrechtem Gang.

2. Verbindlichkeit und Dienst

Wer nicht alleine klarkommt, sollte nicht Gemeinschaft suchen. Er wird Gemeinschaft mit sich selbst belasten und seine eigenen Probleme zu Problemen der Gemeinschaft machen. In solchen Konstellationen gewinnen gruppendynamische Beziehungen, Auseinandersetzungen und Prozesse schnell die Oberhand und binden die gemeinschaftlich vorhandenen Kräfte. Die Reibungsverluste sind hoch, die Gruppe kreist nur um und in sich selbst, droht zu verlieren, was ihr Eigentliches ist, nämlich der Sehnsuchtsregung nach Gott in den Herausforderungen dieser Zeit geschwisterlich nachzugehen. Es mag gemeinschaftliche Aufbrüche geben, die sich bewußt als spirituelle Selbsthilfegruppen verstehen und eigentherapeutische Aktivitäten entfalten. Doch von solchen Gemeinschaften wollen wir hier nicht sprechen. Gemeinschaften im Lebensraum der mystischen Trinität von Sehnsucht, *Kairos* und Kontemplation stehen im Licht einer besonderen Ordnung: Auf Gott zu und zu seinem Lobpreis ...
Für die Schöpfung in heilender Zuwendung ...
Das ist in dieser Reihenfolge der bestimmende Ausgangssinn, der allen gemeinschaftlichen Regungen, allem Sein und Beisammensein, allen Aktivitäten zugrundeliegt. Entsteht auf diesem Boden und unter Wahrung dieser Prioritätensetzung dann wahrhafte Geschwisterlichkeit, dann allerdings gilt es das Gnadengeschenk Gemeinschaft zu pflegen. Dann ist die Gefahr gemindert, daß sich immer wieder zunächst persönliche Interessen und Bedürfnisse in den Vordergrund spielen. Dann wird es auch mehr als bloße persönliche Sympathie oder Antipathie sein, die das Verhältnis zum Anderen in der Gemeinschaft prägt. Dann kann die Verbindlichkeit wachsen, die als A und O gemeinschaftlicher Existenz alle wahrhafte Zukünftigkeit prägt und zum authentischen Zeugen des Weges wird. Dann entstehen kleine Lichtzeichen als Widerspiegelung der kosmischen Ordnung hier auf Erden,

Zeichen gegen die verheerende Kraft des menschlichen Eigensinns. Und nur dann kann das Gefühl von Geborgenheit wachsen – der Geborgenheit im Raum des Numinosen, im Schoß des göttlichen Geistes, der Ruah, der Sophia.
Von Antoine de Saint Exupéry stammt der wunderschöne und mit tiefer Wahrheit ausgestattete Satz:
»Einander lieben, heißt nicht einander anschauen
sondern gemeinsam auf das Dritte.«
Darum geht es. Das suche, wer Gemeinschaft sucht: gemeinsam das Dritte. Über das Dritte findet sich dann auch das Du.

3. Schweigekultur ist Gemeinschaftskultur

Kairos-Gemeinschaften, die Zellen des Zukünftigen, sind Geistgemeinschaften. Und als solche wagen sie das Überschreiten der nur endlichen, der menschlichen Vernunft, indem sie sich in den Unendlichkeitsraum begeben[3].
Die Unendlichkeit des Geistes kann aus der sich selbst begrenzenden Vernunft ja nicht vernommen und verstanden werden. Vielmehr vernimmt sie sich nur aus sich selbst, was heißt: In der Öffnung des Sehnsuchtsraumes durch die Kontemplation. Immer wieder kehren wir zum Schweigen zurück. Und es spricht für sich, daß in den meisten aller christlichen Ordens- und ordensähnlichen Aufbrüche der Vergangenheit und Gegenwart das Schweigen vor Gott in seinem Geist eine Schlüsselbedeutung innehatte und innehat. In der Verbindlichkeit von Geist-Gemeinschaften genießt die Kultur des Schweigens für alle Lebenssituationen Priorität. Und ihre Bedeutung steigt noch weiter an mit den wachsenden Anforderungen, in die eine Gemeinschaft und in die einzelne einer Gemeinschaft sich gestellt sehen. *Wer die Kultur des Schweigens mißachtet, mißachtet das Ganze!* Auch wenn für eine solche grundlegende Einsicht oft noch das Bewußtsein fehlt, müssen wir sie doch aussprechen. Der Einklang von Geist und Materie, von Gestellt-Sein und Sendung, von Tun und Hören wird gerade in der Gemeinschaft aus der Kontemplation geboren.
Geist-Gemeinschaften also stellen sich den Erfahrungen des Geistes. Sie nehmen ihr prophetisches Charisma an, teilen miteinander und über die Gemeinschaft hinaus diese Gabe Gottes mit dem Anliegen, Menschen zum Leben im Geist zu befreien, das Wunder von Pfingsten immer wieder in die Gegenwart zu holen.
Sich im *Kairos*-Bewußtsein ganz der Führung des Geistes auszusetzen, hat für Gemeinschaften allerdings noch eine wesentliche weitere Dimension. Aus dem Geist geschieht Annahme des

Anderen und wächst die Kraft zur Vergebung, zu der jeder jederzeit gefordert und aufgefordert ist. Und auch Führung innerhalb der Gemeinschaft, die in verschiedensten Anliegen und Fragen unverzichtbar ist, wächst aus der Geistes-Gabe und kann als solche von den Gemeinschaftsgliedern erkannt, angenommen und auch widerrufen werden. Führung hat in diesem Sinne, genau wie die Wahrnehmung aller anderen gemeinschaftlichen Aufgaben und Gaben, spirituellen und nicht institutionellen, dienenden und nicht Macht ausübenden Charakter. Im Geist richtet sich auf, was an bloßer Vernunft zerbräche.
Kairos- Gemeinschaften haben zweierlei Gesicht. Menschen können sich zusammenschließen, um im gemeinsamen Leben ihrer Berufung im Teilen mit anderen nachzugehen. Menschen können sich aber auch in ordensgemäßer Form vereinigen als Diasporagemeinschaft, in der jeder an seinem Platz verbleibt, an den er sich gestellt und in Verantwortung sieht. Ich habe Erfahrungen und Visionen hinsichtlich des Lebens in beiden Gemeinschaftsformen ausführlich in dem Buch »Aufruf zu einem neuen Orden« beschrieben[4]. In ordensgemäßer Gemeinschaft verbinden sich Gestellt-Sein und Sendung miteinander, halten Geist und Wort der gemeinschaftsbezogenen Verbindlichkeit die unsichtbaren Fäden der Geschwisterlichkeit beieinander. Wie kleine Lichtpunkte sind die Menschen solcher Gemeinschaft über das Land verteilt, als ausgestreute Samenkörner der Sehnsuchts- und *Kairos*-Pflanze. Sie sind Zeugen und Vorboten der neuen Kirche, einer Kirche derer, die umgekehrt, bekehrt, ergriffen sind. Langsam wird Kirche dieser Güte wachsen, werbend durch das Beispiel von Mensch zu Mensch. Doch Quantität stellt für die Zukunft eben keinen Eigenwert mehr dar. Die Qualität muß stimmen, sonst geht kein Same auf. Gottes Geist wird die Menschen dieser Kirche als Geschwister zusammenführen.
Wir müssen das Wagnis dieser neuen Kirche in wahrhafter Gemeinschaft eingehen – gerade auch als Hoffnungszeichen für eine sterbende alte Kirche. Neues solidarisch inmitten des zerfallenden Alten bauen, so lautet der Auftrag.

Konfessionen werden in diesem Wagnis keine Rolle mehr spielen, genausowenig wie die unsäglichen Streitereien und Abgrenzungen, welche die Einheit des Christentums fortwährend torpedieren und verhindern. Von der Einheit aller Gottsucherinnen und Gottsucher – religionsübergreifend – wollen wir hier noch gar nicht sprechen; doch mit dem Durchbruch zum Kern des Christlichen, zu seiner kosmischen Tiefe, werden wir auch diesem Einheitsweg nicht mehr länger ausweichen können. Lautet nicht so auch der Auftrag von Christus, der sich als Jesus von Nazareth an alle Menschen wandte, und der von seiner Botschaft her so nahe an dem Wesenskern aller Weltreligionen steht, ja im Entscheidenden eins mit ihnen ist. Christus ist der Enge des Christentums weit voraus. Und er weist auch uns hinaus über die Engführungen, die mit seinem Namen verbunden sind, weist uns vor allem hinaus über die Verherrlichung seines Leidens, weist uns fort von Golgatha, weist uns zu dem Licht, das sich überall auf der Erde und überall im Kosmos aus derselben Quelle speist.

Leben in Gemeinschaft – in einem Netzwerk derer, die Sehnsucht nach Gott in sich tragen, *kairos*-wach und eingebettet in eine Kultur der Kontemplation – das wird zur Antwort auf die Kräfte der Zerstörung dieser Tage. Gemeinschaft vermag aus dem Strudel von äußerer und innerer Destruktion und aus der Ohnmacht zu befreien. In Gemeinschaft gehen die Kinder Gottes den Weg der Sehnsucht in Solidarität mit der ganzen Schöpfung.
Doch keine Gemeinschaft unter Menschen nimmt uns aus der letzten Ein-samkeit, und von keiner Gemeinschaft sollte dies erwartet werden.
Nicht erst am Endpunkt des irdischen Lebens, sondern in allen Grundfragen unseres Seins, in allen Grundfragen des Glaubens und in unserer direkten Hinwendung zu Gott sind wir allein, auch wenn wir in Gemeinschaft leben. Denn die Beziehung zu Gott ist eine Zweier-Beziehung, und jede existentielle Bewährung geschieht im Angesicht des unteilbaren »Du«.

V
Leben ist Verwirklichung

❖

Wir sind noch nicht, was wir sein können und sein sollen. Aber die Verheißung lautet, daß wir es werden können. Verwirklichung zu unserem möglichen Sein verlangt persönliche Entscheidung. Immer wieder. Manche Menschen machen sich daraus ein Problem. Doch es kommt auf den Blickwinkel an. Denn alles, was wir tun, hat Entscheidungscharakter. Jede Entscheidung für etwas ist zugleich eine Entscheidung gegen etwas. Jedes Nicht-Entscheiden-Wollen birgt in sich Entscheidung – und sei es die Entscheidung gegen die Entscheidung. So wie wir festgestellt hatten, daß es kein »Nichts« gibt, können wir auch festhalten, daß keine Nicht-Entscheidung existiert. Worum es einzig geht, ist die Annahme unserer Würde als Menschen, der Größe unseres Lebens, die Annahme unseres hohen Gutes der Freiheit: Bewußt die Entscheidung für die Schöpfung und den Weg zu Gott fällen und sich nicht in Gegen-Entscheidungen treiben lassen durch träges Verharren. In Sehnsuchts- und *Kairos*-Fragen existiert kein Sowohl-als-Auch, das letztlich doch allein den Kräften der Bequemlichkeit zuspielte und damit die Würde verspielte. Heiß oder kalt sollen wir sein, aber nicht lau.
Wer »in Entscheidung« lebt, lebt auch in Gnade. Er kann auf Führung und Weisung vertrauen.

1. Entscheidung für die Wahrheit Gottes

Die ganze Evolution kann als Prozeß fortlaufender Entscheidungen und Entscheidungsmöglichkeiten verstanden werden. Sie gleicht einem Baum mit unzähligen Verästelungsmöglichkeiten. Doch jedem Austrieb, der zu einem neuen Ast führt, liegt Entscheidung, Wahl zugrunde. Das Leben jedes Menschen spiegelt im Kleinen den großen Baum der Evolution und überragt ihn zugleich durch die Wirk- und Entscheidungskraft des Geistes. Er vermag sich nicht nur behutsam tastend auf Chancen neuer und günstiger Mutationen zuzubewegen, er kann – in weitreichendem Maße – die Richtung bestimmen und die Entwicklungsgeschwindigkeit. Er kann sich lebensfördernd verwirklichen oder gegenteilig; er kann sich als Geistwesen erkennen und annehmen, sich öffnen und auf Gott zu bewegen; er kann aber auch den Blick auf den Boden gerichtet lassen, gefesselt von seinen Bedürfnissen, Gewohnheiten und Ängsten. Wann lernen die Menschen, daß jede unserer Regungen auch Spuren in der geistigen Welt hinterläßt und damit ihren Beitrag leisten kann auch zur geheimnisvollen Vollendung der Schöpfung. Kein Tun und kein Nichttun, kein Gesagtes und Verschwiegenes, keine Liebe und kein Haß bleiben folgenlos. Wir leben im unsichtbaren Angesicht unserer geistigen Mitwelt, und der Schweigende kann dies erfahren. Durch die Qualität unseres Seins sind wir Licht oder Schatten für die Weltseele, im geistigen Raum, auf dem Kleid, das die Sophia schmückt.

Menschsein birgt in sich die Verwirklichung zum Höchsten. Es besteht aus Stufung, der wir folgen können, wenn wir den Einbruch des Göttlichen in unser Leben zulassen und erkennen, daß Gott die einzige Zukunft des Menschen ist.

Selbstredend, wir sind nicht das Sein an sich. Aber wir sind einbezogen in alles, was ist, können im Geist und durch den Geist uns allem öffnen und somit erreichbar werden für die Wahrnehmung dessen, was ist und auch dessen, was kommen will. Dann

allerdings gilt kein Morgen, kein »bald, bald«. Dann liegt der entscheidende Augenblick immer im Jetzt, in der Konsequenzen provozierenden Wachheit und dem Mut gegenüber der grundsätzlichen Tiefe eines jeden Moments. Dann gilt auch keine Flucht in eine Vergangenheit, deren Sogkräfte nur verschleiern, was die Gegenwart an Anforderungen und Verheißungen bereithält. Nicht weiter zu radikalisieren ist die Jetzt-Anforderung, als dies in den Jesus-Worten zum Ausdruck kommt:
Laß die Toten ihre Toten begraben, du aber geh und verkünde das Reich Gottes ... Keiner, der die Hand an den Pflug gelegt hat und nochmals zurückblickt, taugt für das Reich Gottes.
(Lukas 9,60/62)
Nicht Abwendung von der Geschichte und ihren Lehren und auch nicht Aufgabe der Erinnerung spricht aus dieser Aufforderung. Vielmehr geht es hier um die Lösung von jenem sentimentalen und rückwärtsgewandten Blick, der die Vergangenheit verklärt und die Kraft des Geistes *und* der Gefühle einschließt in den Kerker des Gewesenen.
Die einzige Wahrheit, in die wir uns als Menschen stellen können, ist die Wahrheit Gottes. Diese Wahrheit als Wahrheit persönlicher Erfahrung und Offenbarung fordert unser ganzes Leben. Vor allen äußeren Regeln, vor allen Gesetzen und Bestimmungen, die sich ändern, wie Interessen das diktieren, steht das Sich-Selbst-Überantwortetsein vor Gott Es meint grundlegende, meint die erste und die letzte Freiheit, transzendentale Freiheit als Beziehungsgeflecht zwischen Gott und Individuum. »Freiheit«, so schreibt Karl Rahner, »ist das Ereignis des Ewigen, dem wir freilich, weil wir selber die sich in Freiheit noch Ereignenden sind, nicht von außen zuschauend beiwohnen; sondern im Erleiden der Vielfältigkeit der Zeitlichkeit tun wir dieses Ereignis der Freiheit, bilden wir die Ewigkeit, die wir selber sind und werden.«[1]
In solchem, dem eigentlichen Verständnis von Freiheit, muß nicht zwangsläufig ein Widerspruch zu den Organisationserfordernissen moderner Gesellschaften liegen, jedoch sollte die Reihenfolge klar sein.

Der Wahrheitsstrahl göttlicher Weisheit wird nicht schwächer. Und er kann in jedes Dunkel scheinen, wenn die Türen geöffnet werden und sie nicht in personaler freier Schuld verschlossen bleiben.

Sich in die Wahrheit Gottes zu überantworten, das heißt schlicht, zu vertrauen. Auf Vertrauen geben wir uns in das Geheimnis der Freiheit vor Gott hinein. Vertrauen ist aber auch, so Franz Rosenzweig, der Same, »daraus Glaube, Hoffnung und Liebe wachsen, und die Frucht, die aus ihnen reift. Es ist das Allereinfachste und gerade darum das Schwerste. Es wagt jeden Augenblick zur Wahrheit Wahrlich zu sagen. Einfältig wandeln mit deinem Gott – die Worte stehen über dem Tor, das aus dem geheimnisvoll-wunderbaren Leuchten des göttlichen Heiligtums, darin kein Mensch leben bleiben kann, herausführt. Wohin aber öffnen sich die Flügel des Tores? Du weißt es nicht? *Ins Leben.*«[2]

2. Sehnsucht, *Kairos*, Kontemplation – Der Lebensraum mystischer Trinität

Sehnsucht, *Kairos*, Kontemplation – sie bilden als Dreieinheit den Lebensraum für eine christliche Existenz in ihrer Vollgestalt. Sie stehen für die Ausformung dessen, was als Trinität unserem Glaubensweg zugrundeliegt:
Vater – Sohn – Heiliger Geist, so kennen wir die trinitarische Formel.
In der Sehnsucht nach dem Absoluten, nach Gott, nach dem »Vater« –
In dem *kairos*förmigen Leben, zu dem der »Sohn«, Jesus Christus, uns führt –
Und in der Kontemplation, in der der »Geist« uns berührt – findet sie ihre lebens- und glaubenspraktische Verwirklichung.

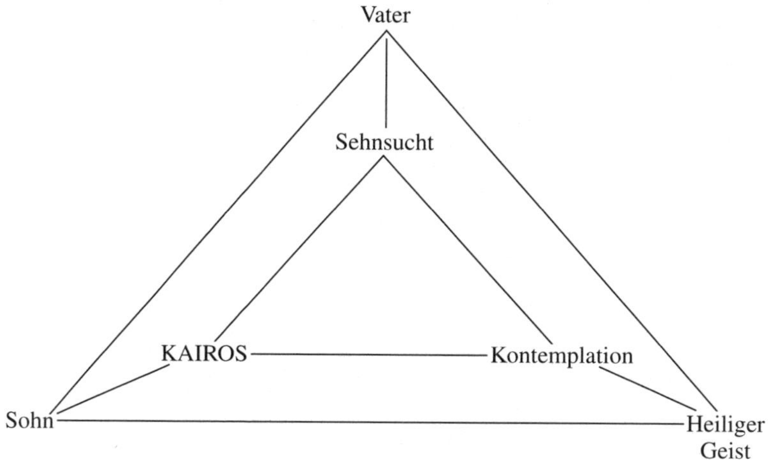

Sehnsucht, *Kairos* und Kontemplation können wir verstehen als mystische Trinität, denn Leben in dieser Dreieinheit bedeutet Leben in der Verwiesenheit auf Gott und im Angesicht Gottes; und es bedeutet in der Folge die Vereinigung prophetischer, priesterlicher und aszetischer Existenz.
Begeben wir uns in den Lebensraum der mystischen Trinität, dann lösen alte Mauern und Schranken sich auf. Dann werden wir befreit von dem Ballast verengender Traditionen, und es entsteht eine eigene christliche Glaubens-Identität, genährt aus Bewußtsein und innerer Erfahrung und geprüft durch unser Gewissen im Angesicht Gottes. Kein äußerlich auferlegter Zwang kann dann mehr so bestimmend wirken, daß er die Identität prägte. Die Verwirklichung der in uns selbst erwachten Verheißung bricht den Druck der Fremdbestimmung, bevor sie den Wesenskern erreicht.

3. Mystik ist Politik

Wir sollten mit der unseligen Trennung zwischen Mystik und Politik, zwischen Kampf und Kontemplation definitiv abschließen. Nicht nur, daß beide als komplementäre Teile eines Ganzen zu sehen sind, nicht nur, daß das jeweils eine erst im Licht des anderen zur wahren Reife gelangt – vor allem gilt: *Der mystische Lebensstil selbst ist politisch in höchstem Maße.* Er steht als unüberbietbares Umkehrzeichen im nihilistischen Getriebe der Jetzt-Zeit. Denn an ihm prallen nicht nur die Obszönitäten einer Macht-, Haben- und egobesessenen Welt ab, einer Welt, in der »Sachzwänge« den Menschen unterwerfen, und er zum Diener von Maschinen wird; durch ihn öffnet sich auch der Himmel zur Erde hin. Mystik ist gelebte Beziehung zum Göttlichen und zum Leben. Ohne mystische Dimension scheint wahrhafte Gottsuche, scheint Verwirklichung zu unserem höchsten Selbst hin, scheint Christ-Sein als In-Christus-Sein nicht möglich. Mystik allein setzt die Kraft frei, die zur Synthese aller Aktivität führt.

Von den Risiken eines solchen Lebens und den unvermeidbaren Spannungen hatten wir gesprochen. Vor allem muß der mystisch orientierte Mensch jederzeit damit rechnen, von seiner Mitwelt mißverstanden zu werden. Denn seine innere Lebenshaltung bis in Alltagsorientierungen und -entscheidungen hinein, wird als solche dem widersprechen, was man gemeinhin als Normalität definiert. Und selten wird der mißverstandene Mystiker in der Lage sein, an ihn gerichtetes Unverständnis, auf ihn bezogene Mißverständnisse in der Sprache des Alltags aufzulösen. Wem die Berührung aus dem Raum des Numinosen wesensfremd zu sein scheint, dem bleibt auch der Versuch, diese Berührung erklären zu wollen, zutiefst unverständlich. Er wird als Un-sinn zur Seite schieben, was den Menschen in seiner Verwiesenheit auf Gott erst zum Menschen macht und als sein Ur-Sinn angesehen werden kann.

Mystischer Lebensstil vollzieht sich als immer wiederkehrender Kampf; nicht nur mit einer unverständigen und oft fremden Mitwelt, sondern auch mit sich selbst und all den Anfechtungen, denen wir ständig ausgesetzt sind. Von daher erscheint kein entsprechendes Leben ohne asketische Grundhaltung vorstellbar: Loslassen im Hinblick auf Macht und Verfügen-Wollen über andere, loslassen von Gewohnheiten, die der Freiheit des Augenblicks entgegenarbeiten, loslassen dessen, was sich vor die Freiheit des Geistes schieben will. Solchermaßen verstandene Askese wendet sich gegen jede Form der Instrumentalisierung von Leben und Handeln, sie zeigt sich als gelebter Widerstand gegen jede Form instrumenteller Vernunft und daraus erwachsender Ungerechtigkeiten. Und ihr alleine entspringt jene Gelassenheit, die es braucht, um die Relativität dessen zu erkennen, was die Tagesordnung dieser Welt uns an Wichtigkeiten vorzuschreiben bemüht ist.
Solche Askese bewirkt Verfeinerung jeglicher Wahrnehmung. Sie ist Lösung und zugleich Annäherung.
Und ihr liegen Dankbarkeit und Ehrfurcht zugrunde. Beide prägen den authentischen mystischen Lebensstil. Dankbarkeit und Ehrfurcht gegenüber Sein und Zeit in Materie und Geist durchziehen alles Tun, ohne zu erniedrigen, ohne in gekrümmte Haltung mit gebeugtem Rücken zu zwingen. Im Gegenteil. Sie richten auf und stellen den suchenden Menschen in eine partnerschaftliche Beziehung mit dem göttlichen »*Du*«.

Für wertvolle Hinweise danke ich:
Tanja Busse – Claudia Jenkes – Olaf Kaltenborn

Anhang

Anmerkungen

Einleitung

1 Vgl. hierzu meine Ausführungen in Anlehnung an Martin Buber: Claus Eurich: Aufruf zu einem neuen Orden. Stuttgart 1993, S. 26 ff.
2 Alfons Rosenberg: Experiment Christentum. München 1990 (1969), S. 31.
3 Vgl. hierzu Agnes Heller: Requiem für ein Jahrhundert. In: Frankfurter Rundschau, Nr. 100, 29.4.1995, S.ZB 2.
4 Vgl. hierzu Paul Tillich: Der Widerstreit von Raum und Zeit. Stuttgart 1963, Gs.Werke Bd. VI, S. 21 ff.
5 Ebenda, S. 23.
6 Vgl. hierzu Gotthard Fuchs: Der bittende Gott und der erhörende Mensch. In: Lebendige Katechese, Heft 2/1989, S. 85-91.
7 Martin Buber: Daniel. In: Derselbe. Werke. Bd. 1.

Kapitel I.

1 Zedlers Universallexikon. Leipzig/Halle 1743, Sp. 1325.
2 Vgl. Henning Schroer: Das Paradies des Herzens. Die spirituelle Dimension im Leben des Jan Amos Comenius. In: Comenius-Jahrbuch, Band 2/1994, S. 27-36.
3 Johann Wolfgang von Goethe: West-östlicher Diwan. Wiesbaden 1948, S. 17 (Hrsg. von Ernst Bentler).
4 Vgl. dazu die Überlegungen von Hubertus Mynarek. In: Mystik und Vernunft. Olten 1991, Kapitel V.
5 Vgl. dazu Emmanuel Lévinas: Die Bedeutung und der Sinn. In: Derselbe: Humanismus des anderen Menschen. Hamburg 1989, S. 51-59.
6 Horst E. Richter: Leben statt Machen. Hamburg 1987, S. 88.
7 Historisch ist hier interessant, wie sich etwa seit den fünfziger Jahren dieses Jahrhunderts in der Werbung die Inhalte gewandelt haben – vom Gebrauchswert zum Sehnsuchtswert des Produkts.

8 Gerhard Schulze: Die Erlebnisgesellschaft. Frankfurt/New York 1992.

9 Luigi Zoja: Sehnsucht nach Wiedergeburt. Stuttgart 1986, S. 127.

10 Vgl. Holger Noack: Weil ich ergriffen bin. In: Mitarbeiterhilfe, Heft 4/1995, S. 16-20.

11 Vgl. hierzu Hans Jellouschek: Wenn der Partner zur Religion wird. In: Psychologie Heute, März 1992, S. 34-36.

12 Ebenda, S. 36.

13 Josef Pieper benennt in Bezugnahme auf Thomas von Aquin die »Töchter« der Acedia: Verzweiflung, Unruhe des Geistes, Wortreichtum des Geredes, Unersättlichkeit der Neugier, innere Rastlosigkeit, Unstetheit des Ortes wie des Entschlusses, stumpfe Gleichgültigkeit, Kleinmütigkeit und Bosheit, die aus dem Haß gegen das Göttliche im Menschen geboren ist.
»Die Wurzel und der Anfang der Verzweiflung ist die träge Traurigkeit der Acedia. Ihre ›Vollendung‹ aber ist begleitet von Hochmut ... Auf der Scheitelhöhe der Verzwefilung grenzt die selbstzerstörerische und seinswidrige Verneinung der Erfüllung an die äußerste Verwirklichung des nicht minder zerstörerischen Wahns der Vermessenheit, die Nicht-Erfüllung zu bejahen, als wäre sie Erfüllung.« Josef Pieper: Über die Hoffnung. Leipzig 1935, S. 63.

14 Vgl. Friedrich Weinreb: Was ist beten? Weiler 1985, S. 30.

15 Vgl. Katechismus der Katholischen Kirche. München 1993, S. 47.

16 Vgl. Aurelio Augustinus: Bekenntnisse. Zürich 1950, S. 31.

17 Vgl. zu diesen Gedanken auch die Niederschriften des indischen Gurus Paramahansa Yogananda. Etwa: Das ewige Liebesabenteuer. In: Selbst-Verwirklichung, Jahresheft 1987, S. 33-46.

18 Das Zitat ist entnommen Gerhard Ruhbach/Josef Sudbrack: Christliche Mystik. München 1989, S. 94 f.

19 Text R.J. Stamps; Übersetzung Andreas Ebert.

20 Franz Rosenzweig: Der Stern der Erlösung. o.O. ^{2}1930.

21 Paul Schwarzenau: Das nachchristliche Zeitalter. Stuttgart 1993, S. 59.

22 Lindolfo Weingärtner: Einüben in die Hoffnung. In: Das Netz der Hoffnung. Erlangen 1980.

23 Paul Laurence Dunbar: Sympathie. zit.n. Amerikanische Lyrik. Vom 17. Jhdt. bis zur Gegenwart. München 1974. Dunbar lebte von 1872-1906. Vgl. auch: The complete Poems of Paul Laurence Dunbar. New York 1944.

24 Die Wolke des Nichtwissens. Hrsg. von Willi Massa. Mainz 1974, S. 103.

25 Vgl. zu diesen Gedanken auch Paul Tillich: Der Protestantismus als Kritik und Gestaltung. Schriften zur Theologie I. Gs. Werke Bd. VII, Stuttgart 1962, S. 120 ff.

26 Vgl. Kurt Hübner: Die Wahrheit des Mythos. München 1985, VIII. Kapitel, S. 158 ff.

27 Vgl. hierzu Johannes vom Kreuz: Empor den Karmelberg. Trier 1989[4], S. 323-325.

28 Derselbe: Die dunkle Nacht. Einsiedeln [3]1983, S. 110 f.

29 Dag Hammarskjöld: Zeichen am Weg. München 1965, S. 93 f.

30 Martin Buber: Die Erzählungen der Chassidim. Zürich [11]1990, S. 671.

31 Dschalaluddin Rumi, zit. n. Annemarie Schimmel: Mystische Dimensionen des Islam. Köln 1985, S. 237.

32 Leider verfüge ich über keine näheren Quellenangaben.

33 Pierre Teilhard de Chardin: Der göttliche Bereich. Olten/Freiburg 1962, S. 192.

Kapitel II.

1. A.a.O., S. 318.

2 Vgl. ebenda, S. 328.

3 Ebenda, S. 329.

4 Oscar Cullman: Christus und die Zeit. Zürich 1962, S. 58 f.

5 Fundamentale Arbeiten zum Begriff und dem Verständnis von *Kairos* hat Paul Tillich vorgelegt, auf den ich mich auch immer wieder beziehen werde. Besonders erwähnen möchte ich: Vorlesungen über die Geschichte des christlichen Denkens I. Stuttgart 1964. Gs. Werke Bd. I, Kapitel 1, sowie: Der Widerstreit ..., a.a.O.

6 Vgl. Manfred Kerkhoff: Zum antiken Begriff des *Kairos*. In: Zeitschrift für philosophische Forschung, Bd. 27, Januar 1973, S. 256-274.

7 Vgl. ebenda, S. 262 und die dort angegebene Literatur.

8 Vgl. u.a. Gerhard Kittel (Hrsg.): Theologisches Wörterbuch zum Neuen Testament. Stuttgart 1967, Dritter Band, S. 459 f.; Lothar Coenen (Hrsg.): Theologisches Begriffslexikon zum Neuen Testament. Wuppertal 1971, Band II/2, S. 1462-1464.

9 Vgl. Jesaja, Jeremia, Daniel, Joel, Amos, Micha, Zephania.

10 Vgl. Paul Tillich: Philosophie und Schicksal. Stuttgart 1964. Gs. Werke Bd. IV, S. 46 f.

11 Vgl. etwa Römer 3,21 und 16,25 ff.; Epheser 3,8 ff.; Kolosser 1,26; Petrus 1,10 ff.

12 Vgl. Florian Vetsch: Hoffnung – Kairos – Schlichte. In: Hans-Jürgen Braun (Hrsg.): Martin Heidegger und der christliche Glaube. Zürich 1990, S. 71 ff.
13 Vgl. Paul Tillich: Der Widerstreit ..., a.a.O., S. 137 ff.
14 Vgl. auch Dieter Thomä: Die Zeit des Selbst und die Zeit danach. Zur Kritik der Textgeschichte Martin Heideggers, 1910-1976. Frankfurt/M. 1990, S. 153-161.
15 zit. n. Praktisches Lexikon der Spiritualität. Freiburg 1992, S. 89.
16 Sören Kierkegaard: Der Augenblick. Düsseldorf/Köln 1959, S. 327.
17 Vgl. Paul Tillich: Der Widerstreit ..., a.a.O., S. 19-25.
18 Ebenda, S. 156.
19 Theodor W. Adorno: Ästhetische Theorie. Frankfurt [5]1981, S. 279.
20 Franz Rosenzweig: Der Stern ..., a.a.O., S. 110 f.
21 Ebenda, S. 101.
22 Vgl. Hans Holländer: Augenblick und Zeitpunkt. In: Christian W. Thomsen (Hrsg.): Augenblick und Zeitpunkt. Darmstadt 1984, S. 7-21.
23 Meister Eckehart: Predigten und Traktate. Zürich 1979, S. 326 f.
24 Vgl. Teilhard de Chardin: Der göttliche ..., a.a.O., S. 134 f.
25 A.a.O., S. 72.
26 A.a.O., S. 200.
27 Vgl. Martin Heidegger: Sein und Zeit. Gesamtausgabe, Bd. 2, Frankfurt 1972, S. 447.
28 Vgl. Theologisches Begriffslexikon ..., a.a.O., S. 1465 f.
29 Emmanuel Lévinas: Die Bedeutung und der Sinn. In: Derselbe: Humanismus ..., a.a.O., S. 37.
30 Von solcher Prädestination handelt etwa die Lehre des Reformators Calvin.
31 Paul Tillich: Der Protestantismus ..., a.a.O., S. 75.
32 Friedrich Heer: Therese von Lisieux und das 20. Jahrhundert. In: André Combes: Die heilige des Atomzeitalters. München/Wien 1957, S. 268-295.
33 Karl Rahner: Grundkurs des Glaubens. Freiburg/Basel/Wien [5]1989, S. 266.
34 Bekenntnisse, a.a.O., S. 215.
35 Vgl. Henri Bergson: Denken und schöpferisches Werden. Meisenheim 1948, vor allem S. 42 ff.
36 Sören Kierkegaard: Der ..., a.a.O., S. 326 f.
37 zit. n. Hermann-Josef Silberberg: Spirituelle Inseln. München 1990, S. 127.
38 A.a.O., S. 200.
39 Johannes vom Kreuz: Die lebendige Flamme. Trier [3]1988, S. 182.

40 Sören Kierkegaard: Der ..., a.a.O., S. 287.
41 In seinen Tagebuchaufzeichnungen notiert Dag Hammarskjöld: »Wer durch Gottes Vereinigung mit der Seele verurteilt ist, Salz der Erde zu sein – wehe ihm, wenn er sein Salz verscherzt.« (Zeichen ..., a.a.O., S. 59).
42 Paul Tillich: Der Widerstreit ..., a.a.O., S. 39 f.
43 Zit. n. Matthew Fox: Der große Segen. München 1991, S. 97.

Kapitel III.

1 Abraham Joshua Heschel: Der Mensch fragt nach Gott. Neukirchen-Vluyn 1982, S. 1 f.
2 Vgl. Rüdiger Liedtke: Die Vertreibung der Stille. Ulm 1985.
3 Augustinus: Bekenntnisse, a.a.O., S. 237 f.
4 Aufrichtige Erzählungen eines russischen Pilgers. Hrsg. und eingeleitet von Emmanuel Jungclaussen. Freiburg u.a. [18]1980, S. 13 (Einleitung).
5 Loccumer Brevier. Hrsg. vom Loccumer Arbeitskreis für Meditation. München [3]1993.
6 Entnommen einer Auslage im Raum der Stille auf dem 26. Deutschen Evangelischen Kirchentag in Hamburg 1995.
7 Vgl. Johannes vom Kreuz: Die lebendige ..., a.a.O., S. 81 ff.
8 Zit. n. Ruhbach/Sudbrack: Christliche ..., a.a.O., S. 74.
9 Hans-Jürgen Baden: Das Schweigen. Gütersloh 1952, S. 78.
10 Angelus Silesius: Der cherubinische Wandersmann. München 1960; hier entnommen dem Loccumer Brevier, a.a.O., S. 58.
11 Johannes vom Kreuz: Empor ..., a.a.O., S. 3 f.
12 Martin Buber: Mystische Zeugnisse aller Zeiten und Völker. Neuausgabe 1993 (Hrsgg. von Peter Sloterdijk), S. 61.
13 T.S. Eliot: East Coker III. zit. n. Matthew Fox: Der ..., a.a.O., S. 153.
14 *Vgl. Gerhard Wehr: Die deutsche Mystik. Bonn u.a. 1988, S. 100 f.*
15 Vgl. Willigis Jäger: Kontemplatives Beten. Münsterschwarzach 1985, S. 16 ff.
16 Karlfried Graf Dürckheim: Meditieren – wozu und wie. Freiburg u.a. 1993, S. 115 f. (Original 1976).
17 Hans-Jürgen Baden: Das ..., a.a.O., S. 159, 160, 165.
18 Gerhard Wehr: Tiefenpsychologie und Christentum. C.G. Jung. München 1990, S. 124.
19 Vgl. zu dem Gedanken der Wirklichkeit des Geistes Thomas Schipflinger: Sophia-Maria. München/Zürich 1988, S. 319 ff.;

Cyrill von Korvin-Krasinski: Trina Mundi Machina. Mainz 1986, S. 195 ff./292.

20 A.a.O., S. 71.

21 Zit. n. Gerhard Wehr: Die ..., a.a.O., S. 102.

22 Vgl. Hans-Jürgen Baden: Das ..., a.a.O., S. 64.

23 Ignatius von Loyola: Geistliche Übungen. Freiburg 1966, S. 18.

24 Zitat ohne weitere Quellenangabe.

25 Vgl. Heinrich Seuse: Deutsche mystische Schriften. Düsseldorf 1966, S. 294 f. (Hrsg. von Gerhard Hofmann).

26 Johannes vom Kreuz: Die ..., a.a.O., S. 80.

27 Vgl. ebenda, S. 82 f.

28 Vgl. Hans Wolfgang Schumann: Der historische Buddha. Köln 1988, S. 71.

29 Nikolaus von Kues: Vom Sehen Gottes. Ein Buch mystischer Betrachtung. Zürich/München 1987, S. 76.

30 Hans-Jürgen Baden: Das ..., a.a.O., S. 10.

31 Martin Gutl: Ich falle in deine Hände. Meditationstexte. Graz u.a. [3]1986, S. 28.

32 zit. n. Aufrichtige ... a.a.O., S. 14.

33 Abraham Joshua Heschel: Der ..., a.a.O., S. 60.

34 Hubertus Halbfas: Das dritte Auge. Religionsdidaktische Anstöße. Düsseldorf 1982, S. 139.

35 Vgl. hierzu auch die Überlegungen von Martin Heidegger: Erläuterungen zu Hölderlins Dichtung. Frankfurt 1981, S. 188 f.

36 A.a.O., S. 205.

37 Vgl. Hubertus Halbfas: Das ..., a.a.O., S. 112 f.

Kapitel IV.

1 Zit. n. Ingried Riedel: Hildegard von Bingen. Prophetin der kosmischen Weisheit. Stuttgart 1994, S. 18.

2 Teilhard de Chardin: Der ..., a.a.O., S. 177.

3 Vgl. hierzu die spannenden Ausführungen von Georg Wilhelm Friedrich Hegel (1770-1831): Vorlesungen über die Geschichte der Philosophie I. Frankfurt 1971, etwa S. 95.

4 Vgl. hierzu das Nachwort auf S. 157 in diesem Buch.

Kapitel V.

1 A.a.O., S. 103.

2 A.a.O., S. 211.

Literaturverzeichnis

Adorno, Theodor W.: Ästhetische Theorie. Frankfurt [5](1970)
Aufrichtige Erzählungen eines russischen Pilgers. Freiburg u.a. [18]1990. Herausgegeben und eingeleitet von Emmanuel Jungclaussen
Augustinus, Aurelius: Bekenntnisse. Zürich 1950
Baden, Hans-Jürgen: Das Schweigen. Gütersloh 1952
Balthasar, Hans Urs von: Endliche Zeit in ewiger Zeit. In: zur Debatte, 14/1984
Barr, James: Biblical Words for Time. London 1962
Bellebaum, Alfred: Schweigen und Verschweigen. Opladen 1992
Bergson, Henrik: Denken und schöpferisches Werden. Meisenheim 1948
Bock, Rudolf/Domann, Gerd (Hrsg.): Riskierte Brüderlichkeit. Orden und Kommunitäten. Olten/Freiburg 1979
Bonhoeffer, Dietrich: Widerstand und Ergebung. München 1970 (Neuausgabe)
Buber, Martin: Die Erzählungen der Chassidim. Zürich [11]1990
Buber, Martin: Mystische Zeugnisse aller Zeiten und Völker. Neuausgabe München 1993 (Hrsgg. von Peter Sloterdijk)
Cramer, Friedrich: Chaos und Ordnung. Stuttgart 1988
Cullmann, Oscar: Christus und die Zeit. Zürich 1962
Derrida, Jaques: Vom Geist. Frankfurt a.M. 1988
Dirks, Walter: Die Antwort der Mönche. Olten 1968
Dürckheim, Karlfried Graf: Meditieren – Wozu und wie. Freiburg/Basel/Wien 1993
Eliade, Mircea: Der Mythos der ewigen Wiederkehr. Düsseldorf 1953
Eurich, Claus: Aufruf zu einem neuen Orden. Gemeinsam für die Schöpfung – gegen Ohnmacht und Resignation. Stuttgart 1993
Fox, Matthew: Der große Segen. München 1991
Fuchs, Gotthard: Der bittende Gott und der erhörende Mensch. In: Lebendige Katechese, Heft 2/1989, S. 85-91
Gandhi, Mahatma: Autobiographie. Freiburg/München 1960
Ganstandt, Rüdiger: Der Augenblick der Erkenntnis in ZEN-Buddhismus und ZEN-Kunst. In: Christian W. Thomson/Hans Holländer (Hrsg.), a.a.O., S. 121-137
Garstecki, Joachim: Zeitanssage Umkehr. Stuttgart 1990
Goes, Albrecht: Über das Gespräch. Hamburg 1954
Greeley, Andrew: Religion in der Popkultur. Graz, Wien, Köln 1993

Hahn, Ferdinand: Siehe, ich bin der Tag des Heils. Neuschöpfung und Versöhnung nach 2. Korinther 5,14 – 6,2. In: Evangelische Theologie, 33/1973, S. 244-253
Halbfas, Hubertus: Das dritte Auge. Religionsdidaktische Anstöße. Düsseldorf 1982
Hammarskjöld, Dag: Zeichen am Weg. München 1965
Hegel, Georg Wilhelm Friedrich: Vorlesungen über die Geschichte der Philosophie I. Frankfurt 1971
Heidegger, Martin: Sein und Zeit. Gesamtausgabe, Bd. 2., Frankfurt 1972
Heidegger, Martin: Erläuterungen zu Hölderlins Dichtung. Frankfurt 1981
Heintel, Peter: Beschleunigte und verzögerte Zeit. In: Uwe Arndt/Peter Heintel (Hrsg.): Zeit und Identität. Wien 1983, S. 11-40
Heller, Agnes: Requiem für ein Jahrhundert. Auf den Ruinen der menschverschuldeten Apokalypsen. In: Frankfurter Rundschau, Nr. 100, 29.4.1995, S. ZB 2
Heschel, Abraham Joshua: Der Mensch fragt nach Gott: Untersuchungen zum Gebet und zur Symbolik. Neukirchen-Vluyn 1982
Höhler, Gertrud: Das Glück. Düsseldorf/Wien 1981
Holländer, Hans: Augenblick und Zeitpunkt. In: Christian W. Thomsen/Hans Holländer (Hrsg.): Augenblick und Zeitpunkt. Darmstadt 1984, S. 7-21
Hübner, Kurt: Die Wahrheit des Mythos. München 1985
Ignatius von Loyola: Geistliche Übungen. Freiburg 1966
Ikeda, Daisaku: Der Buddha lebt. Eine interpretierende Biographie. München 1985
Jäger, Willigis: Kontemplatives Beten. Münsterschwarzach 1985
Jellouschek, Hans: Wenn der Partner zur Religion wird. In: Psychologie Heute, März 1992, S. 34-36
Johannes vom Kreuz: Empor den Karmelberg. Trier [4]1989; Ges. Werke Bd. 1
Johannes vom Kreuz: Die dunkle Nacht. Die Gedichte. Trier [3]1983; Ges. Werke Bd. 2
Johannes vom Kreuz: Das Lied der Liebe. Trier [3]1984; Ges. Werke Bd. 3
Johannes vom Kreuz: Die lebendige Flamme. Die Briefe und die kleinen Schriften. Trier [3]1988; Ges. Werke Bd. IV
Jungk, Robert: Gefährliches Wissen. In: Hans A. Pestalozzi: Nach uns die Zukunft. München 1979, S. 11-16
Kämpchen, Martin: Du tanzt im Herzen aller Menschen. Münsterschwarzach 1989

Kamper, Dietmar/Wulf, Christoph (Hrsg.): Schweigen. Unterbrechung und Grenze der menschlichen Wirklichkeit. Berlin 1992
Katechismus der Katholischen Kirche. München 1993
Kerkhoff, Manfred: Zum antiken Begriff des Kairos. In: Zeitschrift für philosophische Forschung. Meisenheim/Glan 1973, Bd. 27, S. 256-274
Kersten, Petra: Umkehr zum lebendigen Gott. Die Bekenntnistheologie August Herrmann Franckes als Beitrag zur Erneuerung des Glaubens. Paderborn 1985
Kierkegaard, Sören: Der Begriff der Angst. Hamburg 1960 (Kopenhagen 1844)
Kierkegaard, Sören: Der Augenblick. Aufsätze und Schriften des letzten Streits. Düsseldorf/Köln 1959
Kopka, Thomas: Sehnsucht ohne Hoffnung. Marburg 1985
Korvin-Krasinski, Cyrill von: Trina Mundi Machina. Die Signatur des alten Eurasien. Mainz 1986
Kreppold, Guido: Kranke Bäume – Kranke Seelen. Münsterschwarzach 1986
Kues, Nikolaus von: Vom Sehen Gottes. Ein Buch mystischer Betrachtung. Zürich/München 1987
Lehmann, Johannes: Buddha. Der östliche Weg zur Selbsterlösung. Frankfurt 1983
Lévinas, Emmanuel: Humanismus des anderen Menschen. Hamburg 1989
Liedtke, Rüdiger: Die Vertreibung der Stille. Ulm 1985
Lindenberg, Wladimir: Der verdrängte Tod. In: Scheidewege, Jg. 4/1974, S. 51-60
Loccumer Arbeitskreis für Meditation (Hrsg.): Loccumer Brevier. München ^{3}1993
Merton, Thomas: Auserwählt zu Leid und Wonne. Luzern 1953
Merton, Thomas: Gewaltlosigkeit. Köln 1986
Merton, Thomas: Im Einklang mit sich und der Welt. Zürich 1986
Mynarek, Hubertus: Ökologische Religion. Ein neues Verständnis der Natur. München 1986
Mynarek, Hubertus: Mystik und Vernunft. Zwei Pole einer Wirklichkeit. Olten 1991
Noack, Holger: Weil ich ergriffen bin. In: Mitarbeiterhilfe, Heft 4/1995, S. 16-20
Pannikar, Raimundo: Rückkehr zum Mythos. Frankfurt 1985
Panikkar, Raimon: Den Mönch in sich entdecken. München 1989
Panikkar, Raimon: Der Weisheit eine Wohnung bereiten. München 1991

Panikkar, Raimundo: Die kontemplative Geisthaltung: Eine Herausforderung an das moderne Leben. Vortragsmanuskript, o.O. o.J.
Pieper, Josef: Muße und Kult. München ^{8}1989
Pieper, Josef: Über die Hoffnung. Leipzig 1935
Piltz, Wolfgang: Die Philosophie des Schweigens – Das Schweigen in der Philosophie. Würzburg 1987
Reinhardt, Heinrich: Freiheit zu Gott. Weinheim 1989
Richter, Horst E.: Leben statt Machen. Einwände gegen das Verzagen. Hamburg 1987
Riedel, Ingrid: Hildegard von Bingen. Prophetin der kosmischen Weisheit. Stuttgart 1994
Rohr, Richard: Von der Freiheit loszulassen: Letting go. München 1990
Rosenzweig, Franz: Der Stern der Erlösung. Erster und zweiter Teil. o.O. 1930 (zweite Auflage), Angaben aus dem dritten Teil beziehen sich auf die dritte Auflage: Heidelberg 1954
Ruhbach, Gerhard: Den Lebensrhythmus finden. Göttingen 1993
Ruhbach, Gerhard/Sudbrack, Josef: Christliche Mystik. Texte aus zwei Jahrtausenden. München 1989
Schimmel, Annemarie: Mystische Dimensionen des Lebens. Die Geschichte des Sufismus. Köln 1985
Schipflinger, Thomas: Sopia-Maria. Eine ganzheitliche Vision der Schöpfung. München/Zürich 1988
Schmieder, Arnold: Radikale Sehnsucht: Heimat. In: Psychologie und Gesellschaftskritik. 17/1993, Heft 1, S. 69-83
Schnoor, Heike: Psychoanalyse der Hoffnung. Heidelberg 1988
Scholtz, R.F. v.: Grundlagen des meditativen Lebens. Heilbronn 1981
Schröer, Henning: Das Paradies des Herzens. Die spirituelle Dimension im Leben und Werk des Jan Amos Comenius. In: Comenius-Jahrbuch, Bd. 2/1994, S. 27-36
Schubart, Walter: Religion und Eros. München 1989
Schulze, Gerhard: Die Erlebnisgesellschaft. Kultursoziologie der Gegenwart. Frankfurt/New York 1992
Schumann, Hans Wolfgang: Der historische Buddha. Köln 1988
Schwarzenau, Paul: Das nachchristliche Zeitalter. Elemente einer planetarischen Religion. Stuttgart 1993
Seuse, Heinrich: Deutsche mystische Schriften. Düsseldorf 1966 (Hrsg. von Georg Hofmann)
Silesius, Angelus: Der cherubinische Wandersmann. München 1960
Taureck, Bernhard: Lévinas zur Einführung. Hamburg 1991
Teilhard de Chardin, Pierre: Der göttliche Bereich. Ein Entwurf des inneren Lebens. Olten/Freiburg 1962
Thomä, Dieter: Die Zeit des Selbst und die Zeit danach. Zur Kritik

der Textgeschichte Martin Heideggers, 1910-1976. Frankfurt a.M. 1990
Tillich, Paul: Vorlesungen über die Geschichte des christlichen Denkens I. GW Bd. I., Stuttgart 1984
Tillich, Paul: Philosophie und Schicksal. GW Bd. IV, Stuttgart 1964
Tillich, Paul: Die Frage nach dem Unbedingten. GW Bd. V, Stuttgart 1964
Tillich, Paul: Der Widerstreit von Raum und Zeit. GW Bd. VI, Stuttgart 1963
Tillich, Paul: Der Protestantismus als Kritik und Gestaltung. Schriften zur Theologie I. GW Bd. VII., Stuttgart 1962
Turk, Horst: Die Kunst des Augenblicks. In: Christian W. Thomsen/Hans Holländer (Hrsg.), a.a.O., S. 306 ff.
Urbina, Fernando: Die dunkle Nacht – Weg in die Freiheit. Johannes vom Kreuz und sein Denken. Salzburg 1986
Uslar, Detlev von: Psychische Ursprünge des Religiösen. 1. Teil. In: Scheidewege, Jg. 6/1976, S. 457-476
Uslar, Detlev von: Psychische Ursprünge des Religiösen. 2. Teil. In: Scheidewege, Jg. 7/1977, S. 429-446
Vanier, Jean: In Gemeinschaft leben. Meine Erfahrungen. Freiburg 1993
Vetsch, Florian: Hoffnung, Kairos, Schlichte. In: Hans-Jürg Braun (Hrsg.): Martin Heidegger und der christliche Glaube. Zürich 1990, S. 59-88
Wehr, Gerhard: Tiefenpsychologie und Christentum. C.G. Jung. München 1990
Wehr, Gerhard: Die deutsche Mystik. Bern u.a. 1988
Weinreb, Friedrich: Was ist beten? Lebenspraxis als Gebet. Weiler 1985
Zoja, Luigi: Sehnsucht nach Wiedergeburt. Ein neues Verständnis der Drogensucht. Stuttgart 1986